思想的・睿智的・獨見的

經典名著文庫

策劃　楊榮川

五南圖書出版公司 印行

經典名著文庫031

經濟學的終極基礎：經濟學方法論

The Ultimate Foundation of Economic Science: An Essay on Method

---

路德維希・馮・米塞斯 著
（Ludwig von Mises）
謝宗林 譯

經典永恆・名著常在

五十週年的獻禮・「經典名著文庫」出版緣起

總策劃 楊榮川

閱讀好書就像與過去幾世紀的諸多傑出人物交談一樣——笛卡兒

五南，五十年了。半個世紀，人生旅程的一大半，我們走過來了。不敢說有多大成就，至少沒有凋零。

五南忝爲學術出版的一員，在大專教材、學術專著、知識讀本出版已逾壹萬參仟種之後，面對著當今圖書界媚俗的追逐、淺碟化的內容以及碎片化的資訊圖景當中，我們思索著：邁向百年的未來歷程裡，我們能爲知識界、文化學術界做些什麼？在速食文化的生態下，有什麼值得讓人雋永品味的？

歷代經典・當今名著，經過時間的洗禮，千錘百鍊，流傳至今，光芒耀人；不僅使我們能領悟前人的智慧，同時也增深加廣我們思考的深度與視野。十九世紀唯意志論開創者叔本華，在其〈論閱讀和書籍〉文中指出：「對任何時代所謂的暢銷書要持謹慎的態度。」他覺得讀書應該精挑細選，把時間用來閱讀那些「古今中外的偉大人物的著作」，閱讀那些「站在人類之巔的著作及享受不朽聲譽的人們的作品」。閱讀就要「讀原著」，是他的體悟。他甚至認爲，閱讀經典原著，勝過於親炙教誨。他說：

> 「一個人的著作是這個人的思想菁華。所以，儘管一個人具有偉大的思想能力，但閱讀這個人的著作總會比與這個人的交往獲得更多的內容。就最重要的方面而言，閱讀這些著作的確可以取代，甚至遠遠超過與這個人的近身交往。」

爲什麼？原因正在於這些著作正是他思想的完整呈現，是他所有的思考、研究和學習的結果；而與這個人的交往卻是片斷的、支離的、隨機的。何況，想與之交談，如今時空，只能徒呼負負，空留神往而已。

三十歲就當芝加哥大學校長、四十六歲榮任名譽校長的赫欽斯（Robert M. Hutchins, 1899-1977），是力倡人文教育的大師。「教育要教眞理」，是其名言，強調「經典就是人文教育最佳的方式」。他認爲：

「西方學術思想傳遞下來的永恆學識，即那些不因時代變遷而有所減損其價值的古代經典及現代名著，乃是眞正的文化菁華所在。」

這些經典在一定程度上代表西方文明發展的軌跡，故而他爲大學擬訂了從柏拉圖的《理想國》，以至愛因斯坦的《相對論》，構成著名的「大學百本經典名著課程」。成爲大學通識教育課程的典範。

歷代經典．當今名著，超越了時空，價值永恆。五南跟業界一樣，過去已偶有引進，但都未系統化的完整舖陳。我們決心投入巨資，有計劃的系統梳選，成立「經典名著文庫」，希望收入古今中外思想性的、充滿睿智與獨見的經典、名著，包括：

- 歷經千百年的時間洗禮，依然耀明的著作。遠溯二千三百年前，亞里斯多德的《尼各馬科倫理學》、柏拉圖的《理想國》，還有奧古斯丁的《懺悔錄》。
- 聲震寰宇、澤流遐裔的著作。西方哲學不用說，東方哲學中，我國的孔孟、老莊哲學，古印度毗耶娑（Vyāsa）的《薄伽梵歌》、日本鈴木大拙的《禪與心理分析》，都不缺漏。
- 成就一家之言，獨領風騷之名著。諸如伽森狄（Pierre Gassendi）與笛卡兒論戰的《對笛卡兒沉思錄的詰難》、達爾文（Darwin）的《物種起源》、米塞斯（Mises）的《人的行爲》，以至當今印度獲得諾貝爾經濟學獎阿馬蒂亞·森（Amartya Sen）的《貧困與饑荒》，及法國當代的哲學家及漢學家朱利安（François Jullien）的《功效論》。

梳選的書目已超過七百種，初期計劃首爲三百種。先從思想性的經典開始，漸次及於專業性的論著。「江山代有才人出，各領風騷數百年」，這是一項理想性的、永續性的巨大出版工程。不在意讀者的眾寡，只考慮它的學術價值，力求完整展現先哲思想的軌跡。雖然不符合商業經營模式的考量，但只要能爲知識界開啓一片智慧之窗，營造一座百花綻放的世界文明公園，任君遨遊、取菁吸蜜、嘉惠學子，於願足矣！

最後，要感謝學界的支持與熱心參與。擔任「學術評議」的專家，義務的提供建言；各書「導讀」的撰寫者，不計代價地導引讀者進入堂奧；而著譯者日以繼夜，伏案疾書，更是辛苦，感謝你們。也期待熱心文化傳承的智者參與耕耘，共同經營這座「世界文明公園」。如能得到廣大讀者的共鳴與滋潤，那麼經典永恆，名著常在。就不是夢想了！

二〇一七年八月一日 於

五南圖書出版公司

導讀：「經濟學」應返本歸眞

中華經濟研究院特約研究員
吳惠林　謹識於台北市
二〇一八年七月十三日

經濟學的興起與歷史沿革

在當今社會裡，要成爲一門可以「教」、可以「學」、可以「問」的「學問」，最起碼得有一套循序漸進、有系統的材料或內容才行。這一套東西能夠讓諸多的老師可以教，也得以讓要學的人能夠逐步的學。如此，能有一本「教科書」的話，那就可以符合了。

一般都同意，經濟學自一七七六年就因爲符合這種條件，而成爲一門既可教又可學的「學問」了。這一本最早的經濟學教科書的名字是《原富》（*An Inquiry into the Nature and Causes of the Wealth of Nations*，簡稱*The Wealth of*

Nations，此書在台灣較被熟知的中譯是《國富論》。但此譯名會對保護主義、將國家間的經濟競爭視爲戰爭、國際間的紛爭，甚至戰爭有推波助瀾的作用，而且也較不合乎原著所要表達的內涵，因而使用早年的翻譯名家嚴復的最初譯名較妥切），作者是亞當．史密斯（Adam Smith, 1723-1790），他有「經濟學之父」的美名，而迄今這本書還被國際知名的產權經濟學家張五常教授認爲是最好的一本書呢！

在亞當．史密斯和《原富》的開創下，古典經濟學派於焉誕生，先歷經李嘉圖（D. Ricardo, 1772-1824）、馬爾薩斯（T. Malths, 1766-1834），以及彌爾（J.S. Mill, 1806-1873）等幾位名家的發揚光大，繼而在馬夏爾（A. Marshall, 1842-1924）的手上演化爲新古典學派。由於馬夏爾的《經濟學原理》（*Principles of Economics*）一書提供了供需圖形等分析工具，經濟學的教學講授更爲方便，這門學問也就粲然大備了。一直到今天，眾多基本經濟學教科書都還沿用該書所創的分析工具呢！

一九三〇年代，經濟學有了重大變革。主要因爲一九二九年美國華爾街股市崩盤，引發迄今世人還聞風喪膽的「全球經濟大恐慌」，頓時經濟蕭條，失業者遍布，直到凱因斯（J.M. Keynes, 1883-1946）1936年的巨著《一般理論》（*The General Theory of Employment, Interest, and Money*）問世，才提出「創造有效需求」解藥。從此，政府能以總體經濟政策對整體經濟體系作「精密調節」的干預，就普遍被接受，也開啓了「總體經濟學」的大門。而「國民所得帳」在一九四○年代被有「國民所得之父」尊稱的一九七一年諾貝爾經濟學獎得主顧志耐（S. Kuznets, 1901-1985）發展成形，更成爲政府能以政策促進「物質性」國民所得（GDP）成長的依據，也助長凱因斯理論的普及。如今，我們在日常生活中接收的財經消息報導，幾乎都是總體經濟的範疇；而經濟學也的確在總體經濟學誕生之後，才成爲顯學。

亞當·史密斯的《原富》雖是好書，但講授不易。眞正被世人所普遍接受的經濟學教科書在一九四八年面世，就是一九七○年諾貝爾經濟學獎得主薩繆爾遜（P.A. Samuelson, 1915-2009）花了三年才完成的《經濟學》（*Economics*）。該書出版後洛陽紙貴，曾有一段不短的時間，其在全球的銷售量被認爲僅次於《聖經》。這本基本經濟學教科書之所以暢銷，天時、地利、人和齊備，可謂時也、運也、命也。一來當時第二次世界大戰結束，新的問題一籮筐，經濟學面臨一種動態階段的挑戰，「馬歇爾計劃」所揭示的政府強力策略抬頭，學生普遍渴望能有密切連結時勢的入門教科書；二來薩繆爾遜在當時已有顯赫的學術地位，可以全力撰寫教科書；三來薩繆爾遜精通數理，有充分能力在教科書中以簡單明瞭的「數理模式」搭配撰文，讓學習者更易於研讀。就在此種環境下，薩繆爾遜撰寫的基本經濟學教本轟動全球，不但讓經濟學普及成爲顯學，也奠定經濟學在不久之後列入諾貝爾獎頒授學門的基礎。

也就是薩繆爾遜的這本教科書，以及他在一九四七年出版的《經濟分析基礎》（*Foundation of Economic Analysis*），讓數理分析工具逐漸導入經濟學，而且也將凱因斯理論透過此一工具傳達給世人。經過半個世紀的演化，經濟學數理化已然喧賓奪主，成爲主流。同時，「計量方法」也相應蓬勃開展，使得經濟學可以從事實證，讓「數量化」的結果足以「提出證據」、大聲說話；尤其重要的是，能評估政府公共政策之影響效果，得到數字答案。怪不得一九八二年諾貝爾經濟學獎得主史蒂格勒（G.J.Stigler, 1911-1991）早在一九六四年第七十七屆美國經濟學會（AEA）年會上，以會長身分演說時興奮地說道：「數理分析新技巧之威力，就像是用先進的大砲代替了傳統的弓箭手。這是一場非常重要的科學革命。事實上我認爲，比起數量化愈來愈強大的勢力及牽連之廣，所謂的李嘉圖、傑逢斯（W.S.Jevons, 1835-1882）或凱因斯的理論革命，只能算是小小改革罷了。我認爲，經濟學終於要踏進它黃金時代的門檻了。不！我們已經一腳踏入門內了。」史蒂格勒在演說辭的文末還篤定表示，經濟學家將會變成民主社會的中堅人物、經濟政策的意見領袖。

隨後歷史的發展，可說完全符合史蒂格勒的預期。在一九七〇年代末期「停滯膨脹」（stagflation）來臨之前，經濟學的發展的確達到頂峰。在此黃金時代，甚至有「從此經濟學家和政客之密切合作，能使經濟體系維持繁榮，不景氣將永不再來」的豪語出現。而諾貝爾經濟學獎在一九六九年首次頒發，得主就是兩位著名的「經濟計量學家」；隔年第二屆得主公布，又由薩繆爾遜這位「數理經濟名家」獲得。這就更印證：經濟學成爲顯學，是因具備了「實證經濟學」的特色。而二〇〇〇年諾貝爾經濟學獎得主之一的黑克曼（James J. Heckman）更堅信：「將經濟學置於可供實證的基礎上……，如此一來，經濟學就可能會有所進展。」

當然，讓政府扮演經濟舞台要角的總體經濟學，加上數量方法日新月異促使實證經濟學發揮重大影響，是經濟學能夠取得如日中天般地位的重大要因。在政府扮演干預經濟主角這件大事上，庇古（A.C. Pigou, 1877-1959）——被稱爲混合經濟大師——的貢獻，就不能略而不提。他在一九二〇年出版《福利經濟學》（*Welfare Economics*），提出外部性和社會成本的概念，以及「市場失靈」因而產生，必須由政府出面校正來達到福利最大的論述，這也對政府干預政策和數理分析、實證技巧的重要性提供了更大、更有力的基礎。稍後，當「賽局理論」興起，數理化又更進一步加深了！這種趨勢看似沛然莫之能禦，不過一直以來，反省的聲音還是不時出現，屢見不鮮。

讓經濟學回歸「人性」本質

一九四九年奧國學派（Austrian School）第三代掌門人米塞斯（Ludwig von Mises, 1881-1973）在他的巨著（無論是質或量，都可以如此形容）《人的行爲》（*Human Action*）第二百三十五頁裡，有這麼一句話：「當今大多數大學裡，以『經濟學』爲名所傳授的東西，實際上是在否定經濟學。」轉眼七十年過去，如今重讀這句話，不但不覺得失效，反而更凸顯其眞確性。正如自由經濟前輩夏道平先生所言：「這幾十年通用的經濟學教科書，屬於技術層面的分析工具，確是愈來愈多，但在這門學科的認識上，始終欠缺清醒的社會哲學作基礎。說得具體一點，也即對人性以及人的社會始終欠缺基本的正確認識。

那麼，眞正的經濟學是什麼呢？一九八九年，夏先生在爲筆者拙作《經濟學的天空》一書寫序時，以〈經濟學家的思路〉爲題這樣寫著：

「經濟學是人的行爲學之一部分，但是，問題的發生，是在這句話的那個『人』字的正確概念，沒有被所有唸經濟學的人時時刻刻緊緊把握住。經濟學家所必須了解的『人』，與生物學或動物學家心目中的『人』不一樣。經濟學家雖也知道『人』具有一般動物的慾望、衝動、和本能的反應。但更重要的，是『人』還具有異於禽獸的意志、理念、和邏輯思考。這是人之所以爲人的一大特徵。

人的慾望是會自我繁殖不斷增多的，而其滿足卻要受到外在種種限制。於是在要求滿足的過程中，他不得不有所選擇。選擇，是出於不得已；選擇什麼，則又力求自由。這就是說：人，並非生而自由的，但具有爭取自由的本性。

由於人性中有上述的特徵，所以在漫長的演進過程中，漸漸學習了爭取個人自由的適當方法。這個方法是要不妨害別人也能爭取，否則終會妨害到自己的自由。

這個認知，截至現在，雖還不是人人都有，更不是人人所認知的深度都一樣；但可確信的，只有『人』才會往個別自覺的互動中，形成了分工合作而日益擴大的社會，不同於出自本能的蜂蟻社會。

人類社會的形成與擴大，是由於人的自覺行為之互動。『互動』之『互』字顯示出主詞的『人』是指的多數，而且多到說不出他們是誰；絕不是少許幾個人，更不是像孟軻所稱為『獨夫』那樣的一個人。其互動也是在其獨特的環境，各憑其獨特的零碎知識而行為，而互動，絕不是靠一個人或少數人的設計、規劃、指揮、或命令而組織成的所謂『團隊』行為。

非團隊行為的行為，不正是有些人所說的無政府的混亂狀態嗎？事實上完全相反。因為團隊的行為是受制於這個團隊主宰者個人的知識，即令他有所謂『智囊團』的幫助，也只是有限的少數人。至於分散在社會上無數個人的知識，個別地看來是零碎的、瑣屑的、乃至微不足道的，當然不能與任何專家系統知識同年而語。但是那些散在社會的知識之總合，卻不是任何一個人或一個集團的知識所能攝取其萬一的。即使在將來更高科技時代的電腦也不能納入那些知識的總合。此所以非團隊行為的行為不僅未造成混亂，反而是分工合作的社會所賴以達成，所賴以擴大的基礎。用亞當．史密斯的話講，這是『無形之手』的作用；用海耶克（F. A.Hayek, 1899-1992）的話講，是『長成的社會秩序』。

重視『無形之手』，並不意涵排斥『有形之手』；尊重『長成的社會秩序』，並不意涵排斥『法制的社會秩序』。我們用『重視』、『尊重』這樣的字眼，是要強調有形之手不應牽制或阻礙『無形之手』的運作，只能爲其去礙，使其運作順暢無阻；是要強調法制的社會秩序不應干擾或攪亂長成的社會秩序，只要提供一個有利於後者得以保持活力而無僵化之虞的架構。

以上兩段敘述所談的就是自由市場與政府之間的關係問題。自由市場就是所謂的長成社會秩序的一部分。政府就是法制的社會秩序之建立者。政府與市場之間的關係，必須是前者對於後者的運作，只可維護或給予便利，不得有所干擾或阻撓。」

對經濟學的此種認識，正是奧國學派的精髓所在，也就是：將人當人看待，由人的自身由衷地遵行「長成的秩序」，在和諧的分工合作方式下，與自然界共存共榮。因此，眞正的經濟學當然強調人類的倫理、道德，以及人對市場機能和市場競爭也由衷地遵循。

夏先生之所以會有奧國學派的看法，是因爲他精心翻譯了奧國學派大師米塞斯和海耶克的好幾本經典著作之故。夏先生是早年（一九四九年十一月－一九六〇年九月）台灣著名政論雜誌《自由中國》半月刊的主筆，就在《自由中國》被迫停刊的三年前（一九五七年上半年），夏先生的一位同鄉詹紹啓先生寄給他一本《美國新聞和世界報導》（*US News & World Report*）著名英文雜誌，那一期正好介紹米塞斯的《反資本主義者的心境》（*The Anti-capitalistic Mantality*）這本書的摘要，夏先生不但立即將之譯成中文刊登在《自由中國》，而且深深認同米塞斯，也開始研讀奧國學派大師的著作，並譯成中文傳布華人世界，特別是台灣。

夏先生最先將《反資本主義者的心境》全文譯出，而米塞斯用英文寫的著作有六本，夏先生譯出三本，另兩本是這一本《經濟學的終極基礎》和《人的行爲》。他先翻譯前者，再譯後者，因爲前者篇幅少，循先簡後繁之常理心而做此選擇。但事實上，這本精簡提煉的小書比巨著《人的行爲》更難懂，也更難翻譯。他在一九九一年遠流版的〈再版譯者序〉中就說：「一九六八年初版的那個譯本（台灣銀行經濟研究室出版），有不少的地方叫我愧對讀者（應是指誤譯或譯錯）。」

所以，米塞斯《經濟學的終極基礎》的中文版本，最初是由夏道平先生在一九六八年翻譯，交由台銀研究室出版；最初的譯名是《經濟科學的最後基礎》，一九九一年修訂版改爲《經濟學的最後基礎》。因爲「科學」（Science）一詞，在歐陸的語言傳統中是指稱任何有組織的知識體系，但依英美的語言習慣，一講到「科學」就僅指「自然科學」；而奧國學派經濟學家的一大特徵，就是一貫反對採用或模仿自然科學方法，來研究人的行爲或社會現象的。因此米塞斯在書中所用的「科學」一詞，當然是歐陸語言傳統中的意義，與自然科學絕不相干，關於這一點，米塞斯在本書第二章第四節已講得很明確。

一九九一年的修訂版，夏先生要我當校訂者，但當時只是走馬看花，僅僅針對語句不通順、讀者可能看不懂之處，以及錯字和標點符號不合意之處，實際上都是夏先生親自修訂。他在〈修訂版譯者序〉中已交代得非常清楚。初版到修訂版長達二十一年，而一九九一年修訂到今年（二〇一八），又是二十七個年頭過去了，夏先生早已仙逝。當五南圖書公司推出「經典名著文庫」，出版「經典書籍」，決定將本書列入其中時，誰能承擔翻譯重任呢？當然非謝宗林這位傳承者莫屬了！正好他才重譯完成米塞斯的經典書籍《人的行爲》，並已順利出版，得以全力擔負此一重責大任。

在這裡，有必要交代謝宗林成爲夏先生的傳承者、接棒人的原因。上文提到，夏先生曾任《自由中國》主筆，在該刊物因犯忌、被迫停刊之後，夏先生轉任教職，在政治大學、東海大學、輔仁大學、東吳大學、銘傳商專等校繼續傳布自由經濟理念。退休之後因緣際會，適逢一九八一年「蔣（碩傑）王（作榮）論戰」盛事，夏先生深受蔣碩傑先生兩篇文章感動，乃寫信表示敬佩和支持，並在報刊發表一篇文章力挺。蔣先生乃視夏先生爲知音，並延聘夏先生進入中華經濟研究院擔任特約研究員，兼任改稿和《經濟前瞻》季刊（自一九九五年一月起改爲雙月刊）的編輯工作，自由經濟的種籽就這樣散播到中經院的一群研究員。

那時中經院的年輕研究人員中，受益最多的就屬我和謝宗林兩人。我更加堅定走向自由經濟之路的決心；而宗林兄則用心研讀奧國學派學者的著作，受到夏先生的高度肯定，甚至認爲他更了解奧國學派。所以，要重新翻譯米塞斯的著作，謝宗林可說是不二人選，他除了將中文書名改譯爲《經濟學的終極基礎》外，更就夏先生原譯本不少錯漏之處予以補正。所以如今的版本可說是全新，並非修訂本，而且更臻完善。

奧國學派經濟學方法論代表作

米塞斯在本書的自序中，一開頭就直說：「本書不討論一般哲學議題，只說明任何認識論方面的研究都應詳加考慮的一些觀念。」米塞斯指出，在傳統邏輯學和認識論領域，大體上只看到關於數學和各種自然科學方法的研究和論述；哲學家一向把物理學視爲科學的模範，輕率地認爲各門科學都應仿物理學來打造。米塞斯在書中特別強調：我們所在的這個宇宙，有一些事物並不是自然科學所能描述與分析的；在適合採取自然科學的研究步驟，觀察與描述的那種領域之外，還有「人的行爲」這個領域值得研究。他在書中指出，「有一道迄今沒有任何學者嘗試跨越的學理鴻溝，隔開自然的事件和人有意的行爲。在自然事件方面，科學找不到任何所以促成該事件的目的因（finality），而人的任何行爲卻總是想要達成一定的目的。在論述人的行爲時，如果忽略行爲人想要達成的目的，那就和解釋自然現象時訴諸目的因一樣的荒謬。」

本書針對「實證論」（positivism）加以批判，指出其謬誤所在，此即「除了自然科學所採取的那種實驗方法外，它不承認其他任何證明相關主張的方法，並稱所有其他理性論證的方法爲玄學（形而上學）方法。」而「玄學的」這個形容詞，在實證論者慣用的術語裡是愚蠢的同義詞。所以，這本書的唯一主題就在「揭露實證論這個基本主張的謬誤，並且敘明該主張所導致的種種災難性後果。」畢竟，就「經濟學」這種「人的行爲學」來說，應以「先驗論」解析，絕不能用「實證論」。米塞斯強調：「任何人，如果眞想了解經濟學理論的要旨，就應該首先使自己熟悉經濟學究竟傳授些什麼定理，對這些定理反覆深思熟慮後，再進而研究相關的認識論問題。」他特別指出，至少須對「報酬律」、「比較成本法則」、「經濟計算問題」作極其仔細的一番考察。

米塞斯在書中特別澄清：主張經濟學不應模仿，不應以其他科學作爲榜樣，並非鄙視或無視這些學科，相反地，必須努力去理解與精通這些學科。他說：「任何人若想在行爲學方面有所貢獻，那就必須熟諳數學、物理學、生物學、歷史學和法理學，以免將行爲學的任務與方法，同任何其他知識部門的任務與方法搞混了。」他舉例說，所謂數理經濟學的基本謬誤，尤其是計量經濟學的基本謬誤，沒有哪一位「合格的」數學家看不穿。

米塞斯告訴我們：「許多撰述者誤以爲，人的行爲科學必須仿效自然科學的方法，所以致力於某種量化經濟學的工作。這些人認爲，經濟學應模仿化學，從定性分析進步到定量分析。他們的座右銘是實證論的這一句箴言：科學即測量。他們獲得豐沛的基金支持，汲汲營營於重印和重新整理政府、同業公會、大公司和其他企業所提供的統計資料，他們努力計算這些各式各樣的資料之間的算術關係，藉此來決定『相關』與『函數』的一些東西。他們未能意識到，在人的行爲領域，統計永遠是歷史，而他們所謂的『相關』與『函數』，除了描述某一段時間和某一區域的某一群人行爲的結果之外，沒有其他任何意義。」所以，「計量經濟學，作爲經濟分析的一個方法，是一種幼稚的數字遊戲，對於闡明眞實的經濟問題並沒有絲毫貢獻。經濟學家的理論，並非建立在歷史資料的蒐集與分析上，而是建立在像邏輯學家、或數學家那樣的理論思考上。經濟學家的確能夠像邏輯學家和數學家那樣，窩在有扶手的大靠背椅上來完成工作。使他有別於其他人的，並非他有什麼祕密的機緣，得以處理別人接觸不到的某些特殊資料，而是他看待事物的方式，以及他能夠從中發現他人注意不到的一些面向。」

這本奧國學派「經濟學方法論」代表作所深入析論的內容，夏先生將它簡約成一句話：「一切經濟現象，只有就各個行爲人的選擇與計畫來分析。」米塞斯在書中就寫說：「總體經濟學的國民所得概念，只是一個毫無認知價值的政治標語。」

就本書的書名《經濟學的終極基礎》來看，可知米塞斯所說的「認識論」是特別著重於經濟學方面的，但認識論的處理，自然要涉及哲學上的許多大問題。所以，儘管本書「並不討論一般哲學議題」，但哲學上的若干大問題的闡釋，卻占了全書（八章）的大部分（第四章以前和第七及第八章部分）。這一大部分對於從未接觸過這類問題的讀者，或許會顯得艱澀難懂，或許會覺得與經濟學無關，也可能難以下嚥。果若如此，建議先從直接標明經濟學的第五和第六兩章讀起，也是可以的；最好當然還是從頭到尾、循序通讀全書，否則難免會產生嚴重的誤斷。

本書於一九六二年出版，而米塞斯在第五章前段寫道：「如今在多數大學裡以『經濟學』這個叫人誤會的名稱傳授的那一門學科，毛病並不在於任課的老師和教科書的撰寫者不是正牌商人就是經商失敗。而在於他們不懂經濟學，以及欠缺邏輯思考的能力。」這是為他一九四九年的代表巨著《人的行為》中的「當今大多數大學裡，以『經濟學』為名所傳授的東西，實際上是在否定經濟學。」提供答案。那麼，「經濟學或更精確的『眞正經濟學』是什麼？」「什麼才是眞正的經濟學家？」「為何眞正經濟學家要有邏輯思考的能力？」除了上文引述的夏先生說法外，就請仔細研讀這本書吧！特別是政府政策的決策官員和專家學者，更有必要好好讀讀這本書！

譯者序

謝宗林
二〇一八年七月三十日

米塞斯（Ludwig von Mises, 1881-1973）這本最初於一九六二年發行的英文著作*The Ultimate Foundation of Economic Science: An Essay on Method*，曾經被我國經濟學界前輩夏道平先生於一九六八年譯爲中文，由台銀研究室出版，書名《經濟科學的最後基礎》，一九九一年修訂，改由台北遠流公司出版，書名也改爲《經濟學的最後基礎》。這次本人承五南圖書公司邀請重新翻譯，書名所以稍作更動，只是爲了使各中譯版本有所區別，因爲不管書名爲「最後」或「終極」，意思一樣都是將經濟現象，或更確切的說，將一切社會現象追本溯源至各個不同的人一次次的行爲，以米塞斯本人的話語來說，就是「以人爲主題的研究，就不屬於生物學的部分來講，始於研究人的行爲，也終於研究人的行爲」（見本書第二章第一節首段）。

夏先生在一九九一年〈修訂版譯者序〉裡自承，他當初「避重就輕」，選擇先翻譯《經濟科學的最後基礎》，再翻譯米塞斯另一本遠遠較爲厚重，首版於一九四九年發行的大部頭巨著《人的行爲》（*Human Action: A Treatise on Economics*），他覺得「這本精簡提煉的小書比那本周詳析論的巨冊更不易懂，當然也更不易譯」，以至對他自己最初的譯作不滿意，認爲「愧對讀者」。的確，這本《經濟學的終極基礎：經濟學方法論》的小書，就某一意義而言，是《人的行爲》第二章〈人的行爲科學在認識論層次的一些問題〉的補充，但在涉及數學、物理學、生物學、歷史學和法理學的地方，它所要求於讀者的素養顯然要高出一些，以米塞斯本人的話語來說，這是因爲「要勸止學者採用數學、物理學、生物學、歷史學或法理學的方法，以免歪曲經濟學的研習，正當的辦法不是鄙視或無視這些學科，反而是必須努力去理解與精通這些學科，……以免將行爲學的任務與方法，同任何其他知識部門的任務與方法搞混了」（見本書導論關於經濟學的部分）。

對於使用本書的讀者，這裡要特別提醒他認眞看待米塞斯本人在本書〈作者序〉裡所說「認識論層次的問題，和相關科學的實質議題」是不可能「切割開來，分別給予分析與處理」，而「任何人，如果眞想了解經濟理論的要旨，就應該首先使自己熟悉經濟學究竟傳授些什麼定理；對這些定理反覆深思熟慮之後，再進而研究相關的認識論問題。至少須對行爲學所探究的一些重大議題——例如報酬律（通常很不恰當地稱作報酬遞減律）、李嘉圖的結合律（比較廣爲人知的名稱是『比較成本法則』）、經濟計算問題等等——有一番極爲仔細的考察，否則任何人都不能指望理解行爲學的意義，更不用說掌握行爲學特有的認識論問題。」

然而，讀者也無須被前面提到的學識素養預設嚇到退避三舍。因爲正如米塞斯在《人的行爲》第二章〈人的行爲科學在認識論層次的一些問題〉所言，「要認識行爲學的定理，不需要特別的經驗；但若要揭露給任何一個生靈認識，這生靈對於什麼是人的行爲就必須要有先驗的知識，否則不管經驗多麼豐富，也不可能做到。認知這些定理的唯一途徑，就是針對我們固有對於人的行爲範疇的認識，進行邏輯分析。我們必須想想自己，仔細反省人的行爲範疇的結構。就像邏輯學和數學，行爲學的知識本就在人心中，並非來自外界，所以不假外求。」同理，任何人只要心靈足夠成熟，耐心領會作者的邏輯推演，便能從本書獲益。

由於米塞斯本人已在本書的〈作者序〉和〈導論〉裡對本書有一出色的介紹，

所以這裡無須多所贅言，除了唯恐讀者不熟悉什麼是認識論（或方法論），似乎有必要提醒讀者注意米塞斯在《人的行爲》的〈導論〉裡所講的一段話，「如果把那些關於經濟學的本質、範圍和邏輯特性的辯論，當成是眾多掉書袋的教授訴諸詭辯、賣弄學問，而不予理睬，那就完全誤解了那些辯論的意義。初學者普遍有一錯覺，以爲當學究在一旁對什麼是最適當的研究程序和方法大肆揮灑廢話時，經濟學本身不管不顧這些無用的爭辯，悄悄自行其是、得到發展。奧地利經濟學家和自命爲『霍亨索倫皇室（the House of Hohenzollern）知識護衛隊』的普魯士歷史學派之間關於研究方法的爭論（Methodenstreit），以及克拉克（John Bates Clark）學派和美國制度經濟學派之間的爭論，所爭論的不只是哪一種研究方法最有成效，而是有比該問題更關係重大的爭議。眞正的問題是：行爲學的知識基礎何在，以及行爲學邏輯的正當性。許多撰述者，根據一種對行爲學思維完全陌生的知識分類體系，以及根據一種——除了邏輯學和數學外——只承認實證的自然科學和歷史學具有科學地位的思維模式，企圖否定經濟理論的價值和有效性。歷史主義（historicism）學派企圖以經濟史取代經濟理論；而實證論（positivism）學派則建議用一種似是而非的社會科學來取代經濟理論，主張這種社會科學應該採用牛頓力學的邏輯結構與模式。這兩派有一點卻是相同的：他們都根本否定經濟思想的一切成就。」是的，經濟學的認識論（或方法論）所關切的問題，正是經濟學的知識基礎何在，以及經濟學邏輯的正當性。米塞斯口中的經濟學，是行爲學中迄今發展得最爲詳盡、成熟的部門。

本書關於專業術語的翻譯，大多採取網際網路上可查找到的通行譯名，除了Behaviorism一詞和相關的Behavioristics，本書將它們分別譯爲「觸動主義」和「觸動學」，可能會引起爭議。Behaviorism通常譯作「行爲主義」，但由於不管是在《人的行爲》或是在本書裡，「行爲」一詞已保留給Action作爲專屬的譯名，而米塞斯所闡釋的「science of human action」（譯作「人的行爲科學」）又和Behaviorism根本不同，所以有必要改變Behaviorism的通行譯名，以免混淆。夏先生的譯本將Behaviorism譯爲「唯動作論」，這裡所以未予以沿用，只因「動作」出現一個站立的「人」，太有人味了。除了要除掉這個人味，將Behaviorism譯爲「觸動主義」的另一個考量是：Behaviorism嘗試以自然科學的實驗方法，在刺激—反應的架構下，研究人的所謂「行爲」（其實只能是人的無意義「反應」）；我覺得「觸動」一詞比較能捕捉住「刺激—反應」的意思。另外，本書

第五章第十一節所討論的「The Behavioral Sciences」，夏先生在一九六八年版的《經濟科學的最後基礎》譯爲「行爲科學」，而在一九九一年版的《經濟學的最後基礎》則改爲「動作科學」。本書沒採納夏先生據以變更譯名的字面理由，而決定仍將「The Behavioral Sciences」譯作「行爲科學」，主要的考量在於「The Behavioral Sciences」其實屬於歷史，儘管「這些新科學的代表性人物並不想知道，他們自己其實就是歷史學者，而且也採用了研究歷史的方法。」而歷史是「人的行爲科學」的一個學門，另一個學門是行爲學（包含經濟學）。

最後，我要感謝劉天祥先生，他的細心校訂讓本書更爲可親可讀。

作者序

路德維希・馮・米塞斯
一九六二年於美國

本書並不討論一般哲學議題，而只說明任何認識論（theory of knowledge or epistemology）方面的研究都應詳加考慮的一些觀念。

大體上，在傳統邏輯學和認識論領域，只看得到關於數學和各種自然科學方法的研究和論述。哲學家一向把物理學視爲科學的模範，輕率認爲各門科學都應該模仿物理學來打造。他們略過生物學，自以爲是的認爲，未來世代總有一天會成功把生命現象分解爲某些因素如機械般運作的表現，而這些因素則是物理學所能充分描述的。他們鄙視歷史學，認爲它「只是文學」，並且無視經濟學。由拉普拉斯（Laplace）開端鋪墊，孔德（Auguste Comte）繼之命名，並由現代邏輯實證論和經驗實證論予以復興並系統化的實證論（positivism），本質上是泛物理主義（pan-physicalism）。它認爲：科學的思維，除了從陳述直接經驗（或直接感覺）的所謂「紀錄句」（protocol sentences）開始的那種外，沒有其他合格的方式。這種唯物論的科學哲學，過去只遭遇到一些玄學家反對，這些玄學家縱情於虛構一些據說獨立存在的事物，並且任意武斷的發明一些他們稱爲「歷史哲學」的思想體系。

本書強調：這個我們所在的宇宙，有一些事物並不是自然科學所能描述與分析的。在適合採取自然科學的研究步驟予以觀察與描述的領域之外，還存在一個值得研究的領域，那就是人的行爲。

有一道迄今沒有任何學者嘗試跨越的學理鴻溝，隔開自然的事件和人有意的行爲。在自然事件方面，科學找不到任何促成該等事件的目的因（finality），而人的任何行爲卻總是想要達成一定的目的。在論述人的行爲時，如果忽略行爲人想要達成的目的，那就和解釋自然現象時訴諸目的因一樣的荒謬。

關於人的行爲科學，目前在認識論層次有許多誤解。但，如果暗示所有這些誤解都應歸咎於不當採取了實證論的認識觀點，那就錯了。除了實證論，還有其他一些思想學派也混淆了行爲學（praxeology）和歷史學（history）在認識論層次的差異，而且混淆的程度更爲嚴重，例如：歷史主義（historicism）。不過，下面的分析主要還是針對實證論的影響。[1]

爲了避免讀者誤解本書的觀點，這裡有必要強調下面這個事實：本書論述知識、科學與合理的信念，至於之所以會談到一些玄學教條，也只因爲有必要說明這些教條在哪些方面不同於科學知識。本書毫無保留的贊同洛克（John Locke）喜愛眞理的原則：「對於任何主張，懷有的自信，絕不超過相關主張賴以確立的證明所擔保的程度。」實證論的謬誤並不在於採納這個原則，而在於除了自然科學所採取的實驗方法外，它不承認其他任何證明相關主張的方法，並且稱所有其他理性論證的方法爲玄學方法。「玄學的」這個形容詞，在實證論者慣用的術語裡，是愚蠢的同義詞。揭露實證論這個基本主張的謬誤，並且敘明該主張所導致的種種災難性後果，是本書唯一的主題。

[1] 關於歷史主義，請參見Ludwig von Mises, *Theory and History* (New Haven: Yale University Press, 1957), pp. 198 ff.；或《理論與歷史：對社會與經濟演變的一個解讀》（台北五南圖書出版，二〇一九年），第十章。

儘管實證論極端鄙視所有它視爲玄學的論證，然而它本身其實也是以某一派玄學爲基礎的主張。對於任何一派玄學，因爲本質超出理性思辨的範圍，我們不可能加以分析，進而評估它的價值或它是否可以成立，乃至給予肯定或駁斥。理性論述所能做到的，不過是證明相關玄學教條是否牴觸了已查實爲科學眞理的見解。針對實證論關於人的行爲科學的種種論斷，如果我們能證明前述這一點，那麼，它的主張就該視爲莫須有的神話而予以拒絕。實證論者從他們自己的哲理觀點，不能不贊同這樣的結論。

全面的認識論只能由徹底熟悉一切知識部門的人來研究，而個別知識部門所涉及的特殊認識論問題，也只有徹底熟悉相關知識領域的人才能夠正確掌握。要不是當代哲學家的著述幾乎千篇一律的顯示，著述者對人的行爲科學一無所知到驚人的地步，前面這些話原本是不用說的。[2]

---

[2] Ludwig von Mises, *Human Action* (New Haven: Yale University Press, 1949), p.33 note（謝宗林譯，《人的行為：經濟學專論》，台北五南圖書出版，二〇一三年，第五五六頁，注二）引述某位傑出的哲學家所展現的一個這種驚人無知的例子。

我們甚至大可懷疑，是否能把認識論層次的問題，和相關科學的實質議題切割開來，分別給予分析與處理。對現代自然科學的認識論有根本貢獻的，是伽利略（Galilei），而不是培根（Bacon）；是牛頓（Newton）和拉瓦節（Lavoisier），而不是康德（Kant）和孔德（Comte）。邏輯實證論當中，那些站得住腳的教條，其實是出自過去一百餘年一些大物理學家的著作，而不是出自《統一科學的百科全書》。我本人對認識論的這一丁點貢獻，儘管微不足道，也包含在我的經濟學和歷史著述中，特別是《人的行爲》（*Human Action*）和《理論與歷史》（*Theory and History*）這兩本書。而本書不過是給經濟學本身在認識論方面的自述，略加補充和說明罷了。

任何人，如果眞想了解經濟理論的要旨，首先應該使自己熟悉經濟學究竟傳授些什麼定理，對這些定理反覆深思熟慮之後，再進而研究相關的認識論問題。至少須對行爲學所探究的一些重大議題——例如報酬律（通常很不恰當的稱作報酬遞減律）、李嘉圖的結合律（比較廣爲人知的名稱是「比較成本法則」）、經濟計算問題等等——有一番極爲仔細的考察，否則任何人都不能指望理解行爲學的意義，更不用說掌握行爲學特有的認識論問題。

目次

導論：關於行爲學的一些初步心得

認識論的永恆基底

赫拉克利特（Heraclitus）說，萬事萬物皆在流變，沒有什麼永恆存在，一切都在變化與生成中。這個說法能否從某個超越人類心思的觀點予以證明？人心能否想像改變，而同時無須設想存在某一基底，其狀態即使也在改變，但在狀態更迭中，就某一方面和某一意義而言，保持不變？這些問題必須留給玄學家去處理。對認識論（或人的知識的理論）來說，有某樣東西肯定是不能不視爲永恆不變的，那就是人心的思考邏輯與行爲邏輯結構，以及人的各種感官能力。儘管現在我們所知的這種人性，在宇宙演化更替的過程中，並非一開始就存在，而將來也不見得永遠維持不變，但是，認識論必須把人性視爲宛如不會改變。自然科學或許會嘗試更進一步，去研究人性演化的問題。但，認識論是科學的一個部門——更確切的說，是科學的基礎，探討人性的某一面向，而這人性是人從宇宙歷史的長河演化出現以來，直到目前這個時期，都一直具備的。認識論不探討一般的思考、見解和求知活動，而只探討「人的」思考、見解和求知活動。對認識論來說，有某樣東西必須視爲不變，那就是人心的思考邏輯與行爲邏輯結構。

我們絕不可混淆知識與神祕主義。神祕主義者也許會說「陰影和陽光是相同的」。[1]但，知識的出發點在於清楚區別A和非A。

我們知道，在過去一段漫長的宇宙時期，我們稱爲「智人」的這種生命並不存在，而我們也大可假設，未來某段漫長的宇宙時期，這個人種將不存在。但如果某些生命的心思邏輯與行爲邏輯結構，以及他們的感官能力，基本上和我們所知的人不同，也和我們自己不同，那麼，去猜想那些生命的情況，是徒勞無益的。就認識論而言，尼采（Nietzsche）的超人概念毫無意義。

行爲

認識論探討人的生命中的心思現象，也就是，探討人怎樣思考與行爲。傳統認識論者的努力，主要的不足在於他們無視根本的行爲邏輯。他們探討人的思考，宛如那是和生命的其他表現完全分離的領域。他們探討邏輯學和數學的一些問題，但

[1] R. W. Emerson, *Brahma.*

他們沒注意到人的思考所必然涉及的行爲實踐。他們無視人的行爲所預設的先驗知識。

傳統認識論在這方面的不足，可以從（和天啓神學對壘的）自然神學的教義裡清楚看出。自然神學認爲，神的特徵在於完全沒有各種限制人的心思與意志運作的缺憾，神無所不知，無所不能。然而，哲學家在闡述這些觀念時未能看出，他們這個神的概念其實是自相矛盾的；因爲它隱含神在行爲，也就是，神像人那樣行爲。然而，人之所以行爲，乃因爲如果他沒採取行爲去干預他所關切的事態發展，結果將令他不滿意。人之所以行爲，乃因爲他欠缺能力使情況變得令他完全滿意，所以他必須採取適當的手段，希望使情況變得令他比較滿意。但，對一個無所不能的神來說，絕不可能出現任何令祂不滿的情況。無所不能的神不會去採取什麼行爲，因爲無須祂採取任何行爲，也就是，無須祂訴諸任何手段，便可使任何情況變得令祂完全滿意。對祂來說，目的與手段的區分，完全沒意義。所以，認爲神也像人那樣行爲，顯然是犯了神人同性論的謬誤。人的推理論證，既然本於人性的種種缺憾，那就絕不可能框住與定義「無所不能」的本質。

然而，必須強調的是，學者並非因爲專注於神學研究，才沒注意到行爲邏輯的議題；而是由於熱烈渴望在這人世間實現蓬萊仙境才配有的夢幻景象。譬如，截至目前爲止被闡述得最爲完善的那一部分行爲學——經濟學——之所以被汙名化爲非科學而遭到排斥，就是因爲它徹底駁倒每一派烏托邦思想的各種謬誤。

現代認識論最具代表性的特徵，就在於完全無視經濟學，儘管該門知識的發展與實際應用，是近代史上最爲波瀾壯闊的事件。

經濟學

經濟學的研究，一再被一個錯誤的觀念引入歧途。該觀念認爲，經濟學必須模仿其他科學的榜樣。要避免該錯誤觀念的惡劣影響，僅僅告誡經濟學家別再東施效顰其他知識部門，甚或勸告他們應該完全無視其他知識部門，那是沒用的。無視的態度，無論是對哪一門學科，絕不是有助於追求眞理的品行。要勸止學者採用數學、物理學、生物學、歷史學或法理學的方法，以免歪曲經濟學的研習，正當的辦法不是鄙視或無視這些學科，反而是必須努力去理解與精通這些學科。任何人若想在行爲學方面有所貢獻，就必須熟諳數學、物理學、生物學、歷史學和法理學，以免將行爲學的任務與方法，同任何其他知識部門的任務與方法混淆了。例如，經濟學各歷史學派的毛病，主要就在於這些學派中人只不過是半吊子歷史學家。形形色色所謂數理經濟學的基本謬誤，尤其是計量經濟學的基本謬誤，沒有哪一位合格的數學家看不穿。Paul de Lilienfeld之流所鼓吹的那種半吊子有機論（organicism），絕對愚弄不了任何生物學家。

我有一次在講課時提到前述看法，當場有一位年輕人表示反對。他說：「你對於經濟學家的要求太多了；沒人能強迫我花時間去研究所有這些學科。」我當時的回答是：「沒有人求你或強迫你成爲經濟學家。」

行爲學思想的出發點

行爲學的先驗知識，和數學的先驗知識，或者更確切的說，和邏輯實證論者所理解的數學先驗知識，完全不同——基本思維性質的不同。行爲學一切思維的出發點，並非某些任意選定的公設（axioms），而是一個必然完整清楚呈現在每個人心中的自明之理。有一道無法跨越的鴻溝，把心中認識此一自明之理的動物，和其他動物分隔開來。只有前者才叫做「人」。人的特徵，就在於他有意的行爲。人是行爲的動物（Homo agens）。

所有動物學以外的科學曾用來區分人和其他哺乳類動物的性質，都隱含在「人有意的行爲」這句話裡。行爲的意思，是追求某些目的，也就是，選定某個目標，並訴諸某些手段，希望達到所選定的目標。

邏輯實證論的精髓，在於主張所有先驗的見解都只是分析性見解（analytic proposition），從而否定任何先驗知識的認知價值。邏輯實證論者說，先驗的見解沒提供任何新知識，都只是同義反覆的耍嘴皮，盡說一些已經隱含在定義和前提裡的空話，只有經驗才能導向（指涉眞實的）合成性見解（synthetic proposition）。對於前述這個邏輯實證論的根本信條，有一個明顯的反對理由，那就是：所謂「不存在合成的先驗見解」——儘管在本書作者看來，是一個錯誤的見解——本身卻是合成的先驗見解，因爲它顯然不能由經驗確立起來。

然而，這整個爭論，對行爲學來說，其實毫無意義，因爲它基本上指涉幾何學。這個爭論目前的態勢，特別是邏輯實證論者所採取的爭論態度，深受非歐氏幾何學（non-Euclidian geometries）的發現給西方哲學所帶來衝擊的影響。

在Boylai和Lobachevsky之前，幾何學，在哲學家眼中，是完美科學的模範。當時的哲學家認爲，幾何學永遠能給每一個時代和每一個人提供不可動搖的確定知識，而當時其他知識部門的研究與論述模式，更貼近幾何學也是追求眞理者的偉大理想。可是，建構非歐氏幾何的嘗試居然獲得成功，所有傳統的認識論概念因而開始動搖。

然而，行爲學並非幾何學。所有迷信中最爲惡劣的，莫過於任性的認爲：某一知識部門特有的認識論，必定也適用於任何其他知識部門。在探討人的行爲科學的認識論問題時，我們絕不可以有樣學樣，取法於幾何學、力學或任何其他科學。

歐氏幾何的那些假設，過去曾被視爲自明的眞理，而當今的認識論則認爲：它們是學者任意選定的基本條件或公理（postulates），充作一系列假言推理（hypothetical reasoning）的起點。但，無論這種看法的意義爲何，都和行爲學的問題沒有半點關係。

行爲學的起點是一自明的眞理——對行爲的認知，也就是，對這世界確實存在「有意追求某些目的」的認知。假借一些和行爲學無關的哲學問題，來對前述這句話說三道四，是沒用的。這種認知的眞實性，對人心來說，就像A和非A的區別那般自明與絕對必要。

外在世界的眞實性

在行爲學看來，人，絕不可能質疑物質存在，或質疑各種物體和外在世界的眞實性。對人來說，它們的眞實性，因「人並非無所不能」而顯露出來。這世界有某些事物抗拒他滿足希求與渴望。任何人若想去除某個使他煩惱的情況，或想以某個比較愜意的情況，取代另一個比較不愜意的情況，那麼，僅憑命令是無濟於事的。如果他想得遂所願，就必須因應所察覺到的外在世界結構，採取某些適當方法。我們可以把外在世界定義爲：決定人的行爲行得通或行不通，成功或失敗的全部事物。

過去有許多人爭論：各種物體是否能視爲獨立存在於人心之外？這其實是一個無聊的問題。曾經有好幾千年，無數醫生並未察覺到，也沒猜到細菌存在。但，他們能否成功維護病人的健康與生命，取決於細菌如何影響，或如何不影響病人身體的各種器官。當時和現在一樣，細菌都是眞實的，因爲它們的干擾或不干擾，存在或不存在，是決定治療結果的一個條件。

因果觀和目的論

行爲是自然科學不會去考慮的一個概念。當自然科學家從事他的研究工作時，他是在行爲，但他所探索的外在世界自然事件範圍內，沒有「行爲」這回事。該範圍內，有擾動，有刺激和反應，而且無論某些哲學家曾提出什麼不同看法，我們都可以說，該範圍內有原因和結果。那裡，就某些現象的連結和發生順序而言，似乎存在著不可動搖的規律。那裡，在某些獨立的物體間，有固定的關係，從而讓科學家得以確立所謂「測量」的步驟。但，那裡沒有什麼事件意味著有什麼東西想要達到所追求的目的。

自然科學只研究因果關係（causality）[2]，而人的行爲科學則是相信目的論的

[2] 譯注：它們沒有目的的概念；在它們看來，目的既不是因，也不是果。

（teleological）[3]。我們這樣按有無「目的」概念來區分這兩種知識部門，並不表示我們對於「所有宇宙事件的演變是否最終由某一超凡存在的意圖來決定」這個問題有任何看法。該問題的討論，超越人的理智範圍，因此不屬於任何科學的領域。它屬於玄學和神學自我圈定的領域。

人的行爲科學所指稱的目的，並非神的計劃和道路，而是眾多行爲人爲落實各自的計劃所追求的目的。通常稱爲歷史哲學的玄學學說，企圖揭示神或某種神祕力量（例如，馬克思所謂的「物質生產力」）隱藏在歷史變遷中的計劃，這種玄學的努力，顯然一點也不科學。

歷史學家在處理特定歷史事實時，例如，在處理第一次世界大戰的問題時，必須探究發動一連串戰役或抵抗侵略的關鍵性個人與群體所追求的目的。他必須考察所有相關人等的行爲所導致的後果，並且拿來和行爲實施前的情況，以及該等行爲所意圖的情況做比較。但，歷史學家不會去探究有什麼「更高」或「更深」的意義體現在相關的歷史事件中。也許眞有某個「更高」或「更深」的目的或意義，隱藏

[3] 譯注：人的行為科學認為，在它的研究範圍內，任何事件都可溯源至某些人的某些目的。

在一連串歷史事件中。但，難免一死的凡人，根本沒辦法去探究這種「更高」或「更深」的意義。

「行爲」範疇

人的行爲科學所有的理論概念，都已經蘊含在「行爲」這個範疇裡，只消詳細述說「行爲」概念的內涵，便可闡明人的行爲科學所有的理論概念。由於「因果」範疇也包含（在「行爲」範疇預設的）目的論基本概念中，所以「行爲」範疇是認識論的根本範疇，是任何認識論分析的起點。

「行爲」範疇包含手段與目的、取與捨（亦即，價值排序或價值判斷）、成功與失敗、利潤與虧損，以及成本等概念。由於在設想與從事任何行爲時，絕不可能沒想到某些因果關係，所以目的論預設因果觀。

一般動物不得不調整自己，以適應所處環境的自然條件，如果自身調整沒成功，它們就會被消滅。人，是唯一能在一定程度內把環境調整得比較適合己意的動物。

我們可以想像，把非人的人類祖先轉變成人的演化過程，是歷經數百萬年的一連串小幅度漸進的轉化過程。但，我們無法想像在這演化過程中，有什麼心靈所具備的「行爲」範疇不完整。一個完全受本能與生理衝動驅使的生命，和一個會選擇目的，也會爲達成目的而選擇手段的生命，兩者之間沒有漸進或過渡階段。我們無法想像任何生命雖然會行爲，但不會具體分辨目的是什麼和手段是什麼，成功是什麼和失敗是什麼，他比較喜歡什麼和比較不喜歡什麼，行爲所帶給他的利潤或虧損是什麼，以及他的成本是什麼。當然，即使他對前述這些事項了然於胸，但對各種外部事件和材料在他的行爲結構中所發生的作用，他的判斷還是可能會出錯的。

某一特定反應刺激的表現，只有在前述這些分辨的念頭全都呈現在該表現者心中時，才是行爲。

人的行爲科學

德文曾經發展出一個名詞，即Geisteswissenschaften，原本很適合用來指稱所有探討人的行爲科學全體，以有別於自然科學。可惜，某些論述者已經使這個名詞承載過多玄學和神祕主義的涵意，以致減損了它的合用性。在英文裡，

pneumatology（靈學）一詞〔和 somatology（身學）相對，兩者皆由邊沁[4]提出〕應當很適合使用，但它從未被學界接受。約翰．穆勒（John Stuart Mill）所採用的「moral sciences（道德科學）」一詞，由於詞源和規範性質的倫理學類同，並不適合使用。而「humanities（人文學）」一詞，傳統上專指人的行爲科學當中的歷史學部分。因此，我們不得不使用「人的行爲科學」（the science of human action）這個有點累贅的名詞。

[4] Bentham, "Essay on Nomenclature and Classification," Appendix No. IV to *Chrestomathia* (*Works, ed. Bowring*, 1838-1843, VIII, 84 and 88).

第一章　人心

想分析這世界，又不想面對人心的能力與限制，
那是行不通的，所有想這麼做的人，
只不過是在以他們自己所發明的幽靈，
取代實際存在的人心罷了。

第一節　人心的邏輯結構

人在地球上占有一個奇特的地位，使他有別於，也高於所有其他構成我們這顆行星的物體。所有其他有生命或無生命物的動作，都遵循一定的規律，唯獨人似乎在一定範圍內享有一點點自由。人，會深思熟慮他自身及所處環境的條件，他會設想一些他認爲比現存情況更適合自己的情況，然後採取有目的的動作，希望能以某個比較愜意的情況，取代另一個倘若他沒設法干預，就會來臨的情況。

人有意的動作，能影響這個一望無際，稱爲宇宙（或大自然）的廣闊空間中，某一小小範圍內的事態發展。

正是前述這個事實，促使人去區別那永遠受制於不可動搖之必然性的外在世界，以及他自身人性特有的思考、認知與行爲能力。在他看來，心或理智，是與物質相對的，而決心或意志則是與自發的衝動、本能、生理過程相對的。人，充分意識到自己的身體同樣受制於一些決定所有其他事物的力量，所以把他自己的思考、決意和行爲能力歸給某個看不見也摸不著的因子——他把這因子叫做「他的心」。

在早期人類的歷史，人們曾經也把這種思考和決意追求一些選定目標的能力，歸給許多，甚至所有非人的存在。後來人們發現，在處理非人的存在時，把它們想成彷彿具有某種類似人心的東西，是於事無補的。於是出現一個逆反的想法，人們嘗試把心思現象，解釋爲某些非人性特有因子的運作表現。此一想法的最根本表述，已經隱含在洛克（John Locke）最著名的格言裡；按照該格言，人心是一張白紙，供外在世界寫上它自己的歷史。

後來有一派新的理性主義認識論，駁斥前述這個徹頭徹尾的經驗主義。針對「凡是在我們心思中存在的，都已事先存在於我們的感官」這種「心如白紙」的說法，萊布尼茲（Leibniz）反諷的加上「除了心思本身」這個但書。康德（Kant）被休謨（Hume）從「獨斷論的熟睡中」喚醒後，爲理性主義認識論奠定新的基礎。他說，經驗只提供材料，讓人的心思用來形成所謂知識。所有的知識都以心思本具的一些範疇爲前提，就時序和邏輯而言，人心的這些範疇都是先於任何經驗資料的。這些範疇是先驗的知識，它們是人心的工作裝備，讓人得以思考和行爲。由於一切理性推論都以這些先驗的範疇爲前提，所以嘗試去證明或駁斥它們，都是徒勞的。

經驗主義者對先驗主義的批評，主要的根據是對非歐氏幾何的一個錯誤解讀。

非歐氏幾何是十九世紀最重要的數學貢獻，經驗主義強調數學公設與前提的任意性，以及演繹推論的同義反覆性。經驗主義認爲，演繹推論不會給我們增加任何關於眞實的知識，而只會把已經隱含在一些前提裡的意義揭露出來。由於這些前提並非得自經驗，而只是人心憑空杜撰的，所以從它們推演出來的命題，絕不會是任何關於這宇宙實際狀態的陳述。邏輯學、數學和其他先驗演繹的理論所揭露的，充其量只是方便或順手的科學研究工具。科學家必須負起的一個責任，便是在許多現存不同的邏輯學、幾何學和代數理論體系中，選取最方便用來執行特定科學工作的理論體系。[1]演繹的理論體系的出發點，是一些任意選定的公設。這些公設沒告訴我們任何關於眞實的訊息。根本沒有人心本具的第一先驗原理（first principles a priori）這回事。[2]這就是著名的「維也納圈子」（Vienna Circle），以及當代其他極端經驗主義與邏輯實證論學派共同的教義。

爲了檢討該教義，且讓我們回到歐氏幾何與非歐氏幾何的衝突；和本書相關的

[1] Cf. Louis Rougier, *Traité de la Connaissance* (Paris, 1955), pp. 13 ff.
[2] 前引著作，p. 65。

認識論爭議，就是該衝突所引起的。一個不可否認的事實是，我們按照歐氏幾何理論所制定的工程計劃，導致我們根據該理論必可預期的效果：建築物並未倒塌，而機器也如預期般運轉。實務工程師不會否認，當他想方設法企圖影響外在世界的自然發展趨勢，把它導向他想達到的目標時，歐氏幾何確實幫了大忙。他必定會說：歐氏幾何理論雖然是根據一些先驗的觀念推演出來的，但該理論仍然是一些關於大自然的眞實陳述。務實主義者不能不承認，歐氏幾何理論和實驗的自然科學所提供的一切後驗（a posteriori）知識一樣有效。除了實驗室裡的實驗安排已經預設和隱含歐氏幾何理論的有效性之外，我們也不該忘記另一個事實，那就是，跨越哈德遜河的華盛頓大橋和其他好幾千座橋梁，都提供了建造者想要的服務功能，而這個事實不僅確認應用物理學、應用化學和應用冶金學爲實務的眞理，也同樣確認應用歐氏幾何學爲實務的眞理。這意味：那些被歐幾里得（Euclid）引作幾何學演繹出發點的公設，是一些關於這外在世界的陳述，而對我們人心來說，這些陳述和實驗的自然科學相比，絕不會比較不「眞實」。

先驗主義的批評者指出：事實上，對於某些問題的研究，某種非歐氏幾何顯然會比歐氏幾何更爲合適採用。賴欣巴哈（Hans Reichenbach）這位邏輯實證論者說，我們周遭的物體和光線的確按照歐氏幾何的定律在運動。但，他接著說，這只不過是「一個僥倖的經驗事實」；而我們所在的這一方空間之外，構成其他世界的物體則按照某些非歐氏幾何的定律在運動。[3]我們無須在此爭論這一點。因爲這些非歐氏幾何理論也是從先驗的公設，而不是從實驗的事實演繹出來的。泛經驗主義者從未嘗試面對的眞正問題卻是：一個演繹的理論，從據稱任意選定的公設出發，怎麼會提供確實有價值，甚至不可或缺的幫助，讓我們得以正確描述，進而成功處理外在世界的情況？

賴欣巴哈所謂「僥倖的經驗事實」，其實就是：人心能夠發展出一些理論，這些理論儘管是先驗的，卻大大有助於我們建構任何後驗的知識體系。邏輯學、數學和行爲學，儘管不是來自經驗，但也不是我們任意杜撰的，而是我們生活與行爲所在的這個世界，這個我們很想加以研究的世界安置在我們心中的。[4]它們不是一堆

---

[3] Cf. Hans Reichenbach, *The Rise of Scientific Philosophy* (University of California Press, 1951), p. 137.

[4] Cf. Morris Cohen, *A Preface to Logic* (New York: Henry Holt & Co., 1944), pp. 44 and 92; Mises, *Human Action*, pp. 72-91.

毫無意義的空話或純粹耍嘴皮子的廢話。它們——對人來說——是最普遍的宇宙法則；人，沒有它們，便得不到任何知識。

人心本具的那些先驗的思想範疇，是人先天的稟賦，讓人得以達成所有特屬於人的成就，也讓他徹底有別於其他一切存在。對這些先驗的思想範疇加以分析，就是在分析人的處境，分析人在這宇宙中所扮演的角色。它們是讓人得以創造和再造一切所謂人類文明的基本因素。

第二節　一個關於先驗知識之起源的假說

物競天擇和演化等概念，讓我們得以嘗試琢磨一個關於人心的邏輯結構和先驗範疇如何出現的假說。

一般動物被本能衝動所驅使，而所發展出來的本能不利於生存競爭的生物個體與物種，在物競天擇下，就會被消滅。只有所具備的本能有利於自身保存的生物，才會生存下來，從而繁衍它們所屬的物種。

我們不妨假定，在開始有非人的人類祖先，直到出現智人這一條漫長的演化道路上，曾經出現某些高等的類人猿種族，具有和智人不同的一些心思邏輯與先驗範疇，並且嘗試使用這些邏輯和思想範疇來引導他們自己的行爲。我們或許可以說，他們在「實驗」這些邏輯和先驗概念。但，由於這些僞邏輯與僞概念並不適應環境的眞實情況，所以以它們爲基礎的某種類似推論所引導的行爲勢必失敗，並給忠於該類似推論的種族帶來滅頂的災禍。只有所屬成員按照正確的心思邏輯與先驗範疇而採取行爲的種族，才可能生存和繁衍。所謂「正確的心思邏輯與先驗範疇」，是指那些和眞實情況相一致的，以實用主義的範疇來說，就是行得通或有效的。[5]

不過，前述對於心思邏輯和先驗概念起源的判斷，並不允許我們把它們想成是某種經驗——有人或許會說，前人類的與前邏輯的經驗——的積累沉澱。[6]我們絕不可以抹煞「目的因」有、無之間的根本差別。

達爾文的物競天擇概念，嘗試把物種的起源與演變，當成一個沒有「目的因」在作用的自然現象來解釋。在物競天擇的概念裡，不僅外部因素對物種發展的干預

---

[5] Mises, *Human Action*, pp. 86 ff.

[6] 這是J. Benda建議的，見*La Crise du Rationalisme* (Paris, 1949), pp. 27 ff.

不具任何目的，而且各相關物種本身也沒有任何有目的或有意的反應動作。

經驗，是會思考與行爲的人所經歷的心思活動。在一個純自然的，以沒有故意行爲爲其特徵的因果關係鏈裡，不可能賦予經驗任何角色。邏輯上，有意圖和沒有意圖，是不可能折衷的。在物競天擇下，所具備的先驗範疇合用的靈長類動物，之所以生存下來，不是因爲牠們對於「自身所具備的先驗範疇合用」這回事有經驗，從而決定堅持該先驗範疇；而是因爲牠們沒得採用其他一些會招致自身滅亡的先驗範疇。所有其他物種——所屬成員的心思以某一特殊方式發展，以致受這種心思引導的反應變成致命的反應——全部被物競天擇的演化過程消滅了，就像其成員特具的體質不適合在所處環境下生活的物種，也統統被演化過程消滅了。

先驗的思想範疇並不是與生俱來的觀念。正常——健康——的小孩遺傳自父母的，不是什麼觀念或範疇，而是人心，這種人心有學習和構思觀念的能力；這種人心使它的載體能像人那樣對刺激產生反應，也就是使它的載體能夠行爲。

無論我們對此處所討論的問題有什麼想法，有一件事是確定的：人心的邏輯結構所展示的那些先驗的思想範疇，已經使人得以發展出一些理論，而這些理論的實際應用，也幫助他在生存競爭中保住自己的地位、沒輸給其他物種，甚且讓他達成許多想達成的目的，所以這些先驗的思想範疇，無疑提供了某些關於這宇宙眞實情況的訊息。它們絕非只是任意的假設，絕非毫無情報價值，也絕非可以取代的慣例。它們是心思必要的工作裝備，多虧有了它們，人，才能有系統的安排感官資料，使之成爲經驗事實，然後把這些事實變成建構各種理論的材料，最後則把這些理論變成各種技術，幫助他達成所追求的目的。

一般動物也有各種感官，某些動物的感官，甚至能感覺到人類的感官所感覺不到的一些刺激物。牠們所以未能像人那樣進一步利用感官所傳來的訊息，原因不在於牠們的感官低人一等，而在於牠們缺少人心，也就是說，缺少人心的邏輯結構和相關的先驗思想範疇。

理論和歷史不同，理論旨在探索事物之間固定不變的關係，或者說，探索事件發生順序的規律。哲學家既然創立認識論（epistemology）作爲一門關於知識活動的理論（a theory of knowledge），那就隱含他們假定或斷言：在人的心思活動當中，有某些東西是保持不變的，而那就是人心的邏輯結構。

在人心的各種表現當中，如果沒有任何不變的東西，就不會有任何關於知識活動的理論，而只會有追求知識的歷史記述。於是，認識論將類似其他各種歷史學門，例如，類似所謂政治科學。政治科學僅僅把其所關注的領域裡，曾發生過什麼事件，或曾有過什麼倡議，紀錄下來罷了；而對於所論述的因素之間究竟有沒有恆久不變的關係，則是茫然無語的。同樣的，認識論也將只會局限在整理與蒐集心思活動的歷史資料。

我們雖然強調，所有的人都有相同的人心邏輯結構，但我們並不想主張，現在所知的這個人心，是唯一或最佳可能設計出來的思想裝備，或是過去曾經，乃至將來可能自然形成的唯一或最佳的思想裝備。在認識論裡，如同在所有其他科學裡，我們既不論述永世，不論述過於遙遠以致不會有什麼信號傳達到我們周圍的那部分宇宙的情況，也不論述將來億萬年後會發生什麼事。在這廣闊無邊的宇宙裡，某個地方也許有某些生命，他們的心超越我們人心的程度，好比我們人心超越昆蟲心的程度。將來某個地方也許會有一些生命，會像我們現在看待變形蟲那樣，居高臨下的俯視我們。但，科學思想不能沉迷於這種意象，而必須只專注於現在的人心所能理解的事物。

第三節　先驗的知識

稱某句話爲同義反覆語，並不會抹煞該句話的認知價值。某句同義反覆語，根據定義，必然是先前提過的另一句話的重述或同義反覆。如果我們將歐氏幾何學視爲一套分成若干階層的同義反覆語體系，我們便可以說：畢氏定理是一句同義反覆語，因爲它只表述某個已經隱含在直角三角形定義裡的意義。

但，眞正的問題是：我們怎樣得到第一個——最基本的——命題，從而使第二個——推演出來的——命題成爲只是第一個命題的同義反覆語？就各種幾何學而言，現在流行的答案是：該基本命題是⑴我們任意選定的，或⑵我們基於它的方便性或合用性而選定它。但，這樣的答案，對於「行爲」這個基本概念來說，絕不適用。

而且我們也絕不可把我們對於行爲的概念，視爲來自經驗的積累沉澱。在某些場合談論經驗，是一件有意義的事。在這些場合，除了我們所具體感受到的經驗外，還有其他可能的經驗是我們事前可以預期的。經驗，讓我們知道某些事情，這些事情我們事先不知道，而且除非感受到該經驗，否則也不可能知道。但，先驗概念或知識的特徵，就在於我們無法想像它的反面，或任何和它不同的命題爲眞。在討論任何問題時，先驗的知識，必然隱含在每一個和問題有關的命題裡。換言之，先驗的知識或概念隱含在我們的一切思考和行爲裡。

如果我們稱某個概念或某一命題爲先驗的，我們是想說：⑴對人心來說，否定它所斷言的，是不可思議的，所以是無意義的；⑵該概念或命題，必然隱含在我們的心思對所有相關問題的探索裡，也就是，隱含在我們對這些問題的思考與行爲裡。

先驗範疇（或先驗概念或先驗知識）是人的心思裝備，唯因有此裝備，人才得以思考，得以感受經驗，從而得以獲致後驗的知識。和我們能予以證明或駁斥的後驗命題不一樣，先驗範疇的眞實性或有效性，是不能予以證明或駁斥的，因爲它們正是讓我們得以分辨眞實與否，或有效與否的工具。

我們所知道的一切，是我們的感官及心思性能或結構，讓我們得以理解的。我們所看到的眞實世界，並非眞實世界本身，也不是某個完美生靈可能看到的那個樣子的眞實世界，而只是我們的心思和感官性能，讓我們得以看到的眞實世界。極端經驗主義者與實證論者並不想承認前述事實。照他們所言，眞實世界在宛如白紙的人心上寫下它自己的歷史，而這歷史就是吾人的經驗。他們承認，我們的感官並不完美，不會完整忠實的反映眞實世界。但，對於人心的能力——人心能夠根據感官所提供的資料，而形成某一不失爲眞的眞實世界形象——他們卻未詳加考察。當我們在討論先驗的知識時，就是在討論那些讓我們得以感受經驗、得以學習、得以知道外物和得以行爲的心思工具。我們正在討論人心的能力時，表示我們也正在討論人心能力的局限性。

我們絕不可忘記，我們對於宇宙眞實的理解與想像，受限於人心的邏輯結構，也受限於感官的功能結構。我們不能排除這樣的假說：眞實世界有一些樣貌，我們的心思能力永遠無法察覺，卻可以被某些心思能力比我們高級的生靈察覺到，而當然也可以被某個完美的生靈察覺到。我們必須努力認識人心的種種特徵和限制，以免陷入自以爲無所不知的幻覺。

現代實證論的某些先驅，心中懷有的那種實證論者特有的自負，最大膽清晰的顯現，莫過於他們宣稱：上帝是一個數學家。難免一死的凡人，只具備顯然並非完美的知覺能力，怎能宣稱他的心能夠像十全十美的神那樣想像與理解這個宇宙？人，沒有數學工具的協助，便不可能分析這眞實世界的根本樣貌。但，完美的神明呢？

總而言之，全然沒必要浪費時間討論先驗知識的諸多爭議。沒誰否認或能夠否認，人的推理和對知識的追求，免不了需要倚賴先驗的概念、範疇和命題。任何吹毛求疵的詭辯，都絲毫撼動不了「行爲」這個思想範疇，在關於人的科學研究中，亦即在行爲學、經濟學和歷史學的研究中，所扮演的根本角色。

第四節 眞實世界的先驗描述

如果這世界是混亂的，也就是說，如果事件的發生順序與連結沒有任何規律，人將不可能思考或行爲。在一個無限偶然或可能性無限的世界裡，除了萬花筒般不停的變化外，人什麼也感知不到。人完全不可能預期將發生什麼事。一切經驗都將是純歷史的，也就只是發生過什麼事的紀錄罷了。不用想從過去的事情推測未來可能會發生什麼事，因爲行不通。所以，人不可能行爲。他充其量只會是一個消極的旁觀者，因爲他完全不可能爲將來預做安排，即使這將來是即將到來的下一瞬間。思考的第一個基本成就，是意識到：在我們所感受到的外部現象間，存在著一些固定不變的關係。一簇事件，如果經常和其他一些事件有一定的關係，吾人便稱之爲某某具體事物，以示有別於其他具體事物。實驗知識的起點，就是認識到某B總是跟在某A後面而發生。利用這知識來產生B或避免發生B，就稱爲行爲。行爲的主要目標，若不是要產生B，就是要阻止B的發生。

無論哲學家對於因果觀有什麼意見，事實總是：如果沒有因果觀的指引，人便不可能行爲。而我們也無法想像有什麼人心，會不知道原因和其效果這種關係。我們可以就這個意思說：因果觀是思考與行爲預設的一個思想範疇或先驗知識。

一個想要採取動作，去除所感到的某種不適的人，一定會想到這個問題：必須在什麼時候，什麼地方，以什麼方式，干預事態的發展，才能獲得想要的結果？對因果關係的認識，是吾人適應這世界的第一步，也是任何行爲取得成功的前提知識條件。有不少人嘗試給因果觀找到某個愜意的邏輯學、認識論或玄學基礎，但所有這方面的努力注定失敗。關於因果觀，我們只能說：它不僅是思考的先驗條件，也是行爲的先驗條件。

有些著名哲學家曾經努力推敲各種先驗範疇——一切經驗與思想的必要條件，想整理出一套完整的先驗範疇清單。如果所有這方面的努力所提出的任何清單，都留給其他思想家頗大的自由裁量與增刪空間，那也不表示前人分析與系統化先驗概念的努力毫無價值。無論如何，大家沒有爭議的，只有一點，那就是，所有出現在這些清單裡的先驗範疇，都可以歸結到下面這個先驗的洞識：這外在世界所有觀察得到的現象，它們發生的順序是有某種規律的。在一個沒有這種規律的宇宙裡，不會有任何思想，也不會有什麼經驗。因爲經驗就是辨識所感覺到的東西相同或不相同；它是邁向事物分類的第一步。除非這世界是有規律的，否則分類將是一個既沒意義也沒用處的概念。

如果這世界沒有任何規律，吾人將不可能藉由分類而建構任何語言。每一個有意義的文字，要不是代表一簇各式各樣但經常連在一起的不同感知，就是代表這種「感知簇」之間經常存在的關係。這句話，對物理學所用的語言——實證論者想把它推廣，提升爲科學統一用語——來說，也一樣有效。人，在一個沒有任何規律的世界，絕不可能有系統的制定「紀錄句」。[7]而即使可能制定，這種制式的「紀錄

【7】關於「紀錄句」，請參見Carnap, "Die physikalische Sprache als Universalsprache der Wissenschaft," *Erkenntnis*, II (1931), 432-465, and Carnap, "Über Protokollsätze," *Erkenntnis*, III (1932/1933), 215-228。

句語言」也不可能是哪門子物理學的起點。它將僅表達一些歷史事實罷了。

如果這世界沒有任何規律，便不可能從經驗學到任何東西。經驗主義宣稱，經驗是獲取知識的主要工具；這等於暗地裡承認，規律性和因果觀是有效的先驗原理。當經驗主義者提到「經驗」時，意思是：由於過去A發生後，B跟著發生，而且也由於吾人假定，自然現象的發生順序和連結是遵守某種規律的，所以吾人預期，將來A發生後，B也會跟著發生。因此，經驗的意思，在自然現象和人的行爲這兩種領域間，有一根本的差異。

第五節　歸納

推理或推論（reasoning）必然總是演繹的。所有企圖藉由證明「放大歸納」（ampliative induction）合乎邏輯要求，或藉由顯示歸納法有一演繹性質的解釋，而爲「放大歸納」的正當性辯解的人，都暗中承認這一點。然而，經驗主義的困境，恰恰就在於無法滿意的說明，怎麼可能從觀察到的事實，「推論」出和尚未觀察到的事實有關的東西。

吾人所有關於這宇宙的知識，都以某個認知爲前提，而且也都建立在該認知基礎上，那就是：所有觀察得到的現象，其發生順序與連結中，隱藏著某種規律。如果不存在這種規律，搜尋經驗規則將是徒勞的努力。歸納法的推論所依據的前提，一定包含「規律存在」這個先驗的根本命題。

「放大歸納」的實際操作問題和邏輯正當問題，必須區分清楚。實際操作上，歸納推論會遇到「正確取樣」這個問題。從觀察到的那個案例（或那些案例）的無數特性當中，我們有沒有挑出，那些和我們正在研究的效果之產生有關的特性？不管是想探知日常生活中瑣碎的事實，或是有系統的研究科學眞理，如果沒挑出相關重點加以觀察或「取樣錯誤」，都會導致求眞的努力發生嚴重的缺失。沒有哪一位科學家會懷疑：在某一實驗案例中「正確」觀察到的事項，必定也可在情境相同的所有其他實驗案例中觀察到。實驗室實驗的目標是：在所有其他因素保持不變的情況下，觀察某個因素單獨變動的效果。當然，這種實驗工作的成功或失敗，取決於所有和實驗相關的條件是否控制得當。從實驗推演而來的結論，所根據的並非相同實驗安排重複操練的次數，而是「曾在某一案例中發生的事項，必定也會在所有其他相同情境的案例中發生」這個假定。除非有前述這個隱含先驗命題「規律存在」

的假定，否則便不可能從任何一個案例（或數不完的案例）推論出什麼東西。除非「規律存在」這個先驗命題眞實不虛，否則總是指涉過去事件的經驗，便不可能提供我們任何關於未來事件的訊息。

對於歸納法所涉及的認識論問題，泛物理主義者採取或然率（或機率）觀點，企圖藉此摒除「規律存在」這個先驗命題；然而，他們這種解決問題的方式，其實是一個無效的嘗試。如果我們摒除「規律存在」這個先驗命題，那麼根據過去發生的事情去推論將來會發生什麼事情，就沒有任何道理可言。一旦我們摒除「規律存在」這個先驗命題，一切科學研究將顯得毫無用處，而探索自然法則的求知努力，也將變得毫無意義與徒勞無功。如果自然科學不是在研究隱藏在現象流變中的規律，那又是在研究什麼呢？

然而，「規律存在」這個先驗命題還是遭到邏輯實證論者的拒斥。他們妄稱：現代物理學已經得到一些和規律普遍存在的命題並不相容的結論；而且也已經證明，有一些現象，「學究哲學」（school philosophy）過去視爲顯現某種必然與恆久不變的規律，其實只是大量原子事件的結果。他們說，在微觀物理學領域，不存在任何規律。某些現象，宏觀物理學過去視爲某一嚴格規律的運作結果，其實只是大量、純粹隨機的原子運動的結果。宏觀物理學的定律，並非嚴格的法則，而是統計的法則。微觀領域的大量事件，有可能在宏觀領域產生一些和宏觀物理學那種只是統計的法則所描述的不同的現象。儘管他們承認，這種情形發生的機率很小，但他們仍堅持主張：對這種可能性的認知，推翻了「這宇宙所有事件的發生順序和連結遵守某一嚴格規律」如此這般的想法。他們說，規律性與因果觀這些先驗命題必須摒棄，並由機率法則來取代。[8]

沒錯，現代物理學家驚愕的發現，某些物體在刺激下的反應，他們無法予以描述爲某種規律的運作使然。然而，科學並非第一次碰到像這樣難解的問題。人的求知活動終歸會遇到的某些事物，是無法追本溯源的，也就是，不能將它們分析，解釋爲其他事物必然產生的效果。科學，總是會有一些無法進一步分解的終極給定事實（the ultimate given）。對當代物理學來說，某些原子在刺激下的反應，看來就是這樣的一個終極給定事實。物理學家現在不知道，哪些相關原因可以解釋這些原

---

[8] Cf. Hans Reichenbach, *The Rise of Scientific Philosophy* (University of California Press, 1951), pp. 157 ff.

子的反應。儘管這種情況就是所謂的無知，但這絲毫無損於物理學驚人的成就。

人心，之所以能適應眾多撲朔迷離且影響我們感官的刺激，之所以能獲得所謂知識，以及之所以能發展自然科學，全因它認識到這些刺激或事件的發生順序和連結必遵循某種不變的規律。促使我們分辨不同種類東西的標準，是這些東西在刺激下的反應。如果某樣東西對一定刺激的反應，單單在某一方面和其他東西的反應不同，儘管其他方面完全相同，它就必須歸到另一類。

泛物理主義的機率論，以某些分子與原子對刺激的反應作為立論的基礎。我們可以把這些分子與原子視為原始存在的元素，或者視為這種元素的衍生物；無論我們選擇這兩種看法中的哪一種，都無關緊要。因為，無論如何，它們對刺激的反應，取決於它們的性質。（更正確的說：正是它們對刺激的反應，構成了它們的性質。）依我們（相信規律者）看來，這些種類的分子與原子都各有數個性質不同的子群。也就是說，它們的性質不是均勻一致的：我們所稱的某種分子或原子，其實是若干子群構成的群組，子群份子的性質完全相同，但不同子群份子性質在某些方面不同。如果各不同子群份子的反應方式和原先所見不同，或不同子群的份子數目比例不同，則任一群組所有份子的反應所產生的共同效應也就會有所不同。這個效應取決於兩個因素：每一子群份子的特殊反應方式，以及不同子群的份子數目比例。

如果機率觀點的歸納法支持者承認，事實上有許多不同子群的微觀物體，他們就會意識到，這些物體運作的共同效應，導致宏觀物理學宣稱不會有任何例外的那種法則。他們將必須承認，我們現在還不知道爲什麼這些子群彼此在某些方面不同，而且也不知道這些子群份子的互動怎麼會在宏觀層次產生一定的共同效應。但，他們不打算這麼做，反而武斷的認爲個別的分子和原子有能力選擇不同的反應方式。這樣的觀點，基本上和原始人的萬物有靈論（animism）並無不同。就像原始人認爲河流的「靈魂」有能力選擇安靜的在它習慣的河床上流淌，或選擇氾濫，淹沒鄰近的田野那樣，所以他們也認爲這些微觀物體可以自由決定它們的反應方式該有些什麼特性，例如，它們的移動速度和路徑。他們的哲理隱含：這些微觀物體，儼然像人那樣，是行爲的生靈。

但，即使我們接受這樣的觀點，我們也絕不可忘記：人的行爲完全取決於人的生理結構，以及所有活躍於人心中的意念。由於我們沒有任何理由去假定這些微觀物體具有一顆產生意念的心，所以我們必須假定：所謂它們的選擇，必然對應於它們的物理與化學結構。在一定環境和一定條件下，個別原子或分子嚴格遵照自身結構所吩咐的方式反應各種刺激。它的移動速度與路徑，以及在遇到自身性質或結構以外因素時的反應，嚴格取決於這性質或結構。如果有人不接受這個解釋，他無疑沉溺於最爲荒謬的玄學假定，而認爲這些分子和原子具有——最極端與最幼稚的非決定論（indeterminism）所主張的——凡是人皆具有的那種意義的自由意志。

羅素（Bertrand Russell）把量子力學面對微觀原子移動問題時的處境，比喻爲鐵路公司面對旅客搭乘目的地問題時的處境。倫敦帕丁頓車站（Paddington station）售票口的一位辦事員，可以發現多少比例的旅客從該站出發到伯明罕站（Birmingham），以及多少比例的旅客從該站出發到埃克賽特站（Exeter）等等，但對於爲什麼有些旅客選擇搭到某一站，而另外有些旅客選擇搭到另一站的理由，他卻是毫無所悉。但，羅素必須承認，這兩種他拿來比喻的例子並非「完全類似」，因爲該辦事員能夠在他的下班時間，探知人們購買車票時沒透露的一些訊息，而觀察原子如何移動的物理學家卻沒有這種便利去探知更多相關訊息。[9]

---

[9] B. Russell, *Religion and Science* (London: Home University Library, 1936), pp. 152 ff.

前述的羅素論證有一值得注意的特色，那就是他以某個下級辦事員的心思，來例證他的主張；這種辦事員只負責重複不變的執行相當有限的幾個簡單動作。這樣的人（他的工作完全可以由一部自動販賣機來執行），對於超出他狹窄職務範圍外的事情，無論怎麼想都是無濟於事的。但，主動提出鐵路興建計劃的倡議者，和投資於鐵路公司的資本家，以及經營鐵路事業的經理人所看到的問題，就和下級辦事員所看到的大不相同。他們所以興建和經營鐵路，是因爲他們預料：實際上，將會有一些理由，促使一定人數的旅客搭乘他們的火車從某一站到另一站。他們知道哪些情況會決定這些旅客的行爲，也知道這些情況隨時會有變化，而他們決意要影響這些變化的幅度和方向，以維持並增加使用鐵路的旅客人數，以及公司的收入。他們的事業經營行爲，和任何所謂「統計法則」沒有半點關係，更不用說倚賴這種神話般法則存在；而是他們有眼光看出，對旅行設施有潛在需求的人數足夠多，值得投資興建一條鐵路來滿足這些潛在旅客的需求。同時，他們也充分明白，他們能夠賣出的旅行服務有一天數量可能大幅下降，以致他們會被迫結束營業。

羅素和所有其他引述所謂「統計法則」的實證論者，在評論人的統計時（這種統計是關於人的行爲事實，而非關於人的生理事實），犯了一個嚴重的錯誤。他們沒考慮到，所有這些統計數字事實上都不斷的變動，有時候變得比較快，有時候比較慢。在人的價值判斷方面，從而在人的行爲方面，並沒有自然科學研究領域所具有的規律。人的行爲是受動機指導的；研究過去行爲事實的歷史學家，以及想要預料未來行爲事實的商人，都必須努力「了解」（understand）這種行爲。[10]

如果歷史學家和行爲人不能應用某種特殊方法去「了解」他們同胞的行爲；如果自然科學和行爲人，對於自然事件發生順序與連結所遵循的規律，不能有所理解與掌握；那麼，對他們來說，這個宇宙將是一團莫名其妙的混亂，而他們也將設想不出任何手段去達成任何目的。這時，將不會有任何推理、任何知識或任何科學，而人也就不可能有意的採取任何動作去影響所處環境的情況。

自然科學之所以能發展起來，純粹是因爲外在事件的發生順序遵循某種不變的規律。當然，對於這宇宙的結構，人所能探知的部分是有限的。有一些東西，我們永遠觀察不到；有一些關係，科學迄今尚未提供任何解釋。但，注意到這些事實，和反證規律性與因果觀等等先驗概念純屬弄虛作假，是不相干的兩回事。

【10】關於「了解」，請見本書第二章第七節。

第六節　經驗主義機率觀的悖論

經驗主義宣稱，經驗是人唯一的知識來源，並且拒斥「一切經驗都以某些先驗範疇作爲前提條件」的想法，將其視爲玄學的先入之見。但，它從自己的「唯經驗論」出發，卻主張有可能發生一些從未有人經驗過的事件。譬如，某位經驗主義者告訴我們說，物理學無法排除下面這種事情有可能發生：「當你把一冰塊置入一杯水中，水便開始沸騰，而冰塊則變得像深度冷凍櫃內部那樣冷。」[三]

然而，這種新經驗主義，在應用它自己的教條時，卻遠遠說不上前後一致。如果自然界沒有任何規律存在，那就沒有任何道理去分辨各種事物的類別。如果有人稱某些分子爲氧，又稱另一些分子爲氮，那麼，他隱含的意思就是：這些種類的每一份子對刺激的反應，和其他種類的每一份子對相同刺激的反應相比，有一定方式的差異。如果他假定某個分子的反應和其他分子的反應不同，他就必須把該分子歸

[三] Cf. Hans Reichenbach, *The Rise of Scientific Philosophy* (University of California Press, 1951), p.162.

入某個特殊類別，或者必須假定，該分子的反應之所以不同，是因爲它特別受到某些因素干擾，而其他和它同屬一類的分子則沒受到這些因素干擾。如果他說，我們不能排除這種可能性：「有一天在空氣中游移的眾多分子，純粹由於巧合，到達某一秩序井然的狀態，所有的氧分子都集中在房間的某一邊，而所有的氮分子則集中在另一邊，」[12]那麼，他隱含的意思就是：不管是氧和氮的分子性質中，或是它們所處的環境中，都沒有任何原因可以決定它們怎樣在空氣中分布。他這是在假定：所有個別分子如何反應，在所有其他方面，都取決於它們的性質或結構，但它們全都可以「自由」選擇它們要待在什麼地方。他完全任意的假定，這些分子的特性之一——它們如何移動——是不被決定的，而所有它們的其他特性則是被決定的。他所隱含的意思是：在這些分子的性質中——有人也許忍不住會說：在它們的「靈魂」中——有某種東西，讓它們能夠「選擇」自己的游移路徑。他沒意識到，一份完整關於這些分子如何反應的描述，應該也包含它們如何移動。完整的描述應該敘明：怎樣的過程使氧分子和氮分子像它們實際在空氣中那樣彼此聯繫起來。

【12】見前引著作，p. 161。

如果賴欣巴哈（Reichenbach）活在從前魔法師與巫醫的時代，他肯定會這樣說：有些人因染上某種呈現一定症狀的疾病而身亡；其他人則沒染上這種病，所以活下來。我們完全不知道，哪一個因素如果存在會導致那些染病者身亡，但同一因素如果不存在則會導致其他人免於染病。顯然的，科學如果執迷於因果觀，便不可能探討這些現象。關於這些現象，我們所能得知的，只是這樣的「統計法則」：百分之X的人口染病，而其餘則沒染病。

第七節　唯物論

決定論（determinism）必須和唯物論（materialism）區分清楚。唯物論宣稱，造成這世界狀態改變的唯一因素，是那些可以使用自然科學方法加以研究的因素。它不一定否認，人的觀念、價值判斷和意志等等也是眞實的東西，而且也能造成一定的改變。但，就它不否認這一點而言，它主張：這些「意念的」因素，是一些不可避免會在人的身體結構上引發一定反應的外在事件必然會有的結果。只是自然科學目前還不夠完美，以致我們還不能把人心活動的一切表現，歸因於產生它們的那些物質的——物理的、化學的、生物學的和生理學的——事件。唯物論者說，未來比較完美的自然科學知識將會說明，這些物質的因素怎樣必然在穆罕默德（Mohammed）心中引發回教教義，在笛卡兒（Descartes）心中引發解析幾何學，以及在拉辛（Racine）心中引發名劇《菲朵拉》（*Phaedra*）。

如果某個學說只是擬訂某個研究計劃，卻從未指出如何能夠加以落實，那便無須白費功夫和該學說的支持者辯論該學說。我們能做，而且也必須做的，是揭露該學說的鼓吹者如何自相矛盾，以及順著該學說的邏輯推演會導致哪些意想不到的後果。

如果我們對每一個觀念的產生，都必須像我們處理所有其他自然事件的產生那樣加以處理，那就再也不容許我們分辨觀念的眞假了。於是，笛卡兒的定理，和某個彼得——一個平庸的學位候選人——拙劣的考試論文比較，既不是更好，也不是更壞。因爲物質因素無所謂犯錯。物質因素藉由笛卡兒這個人產生解析幾何學，而藉由彼得這個人產生他的老師——昧於唯物論的福音——視爲廢話連篇的論文。但，該位老師有什麼資格審判大自然？而唯物論的哲學家又有什麼正當權威，得以譴責物質因素藉由「唯心論的」哲學家所產生的學說呢？

前述這種困境，對唯物論者來說，不用想借助實用主義者分辨行得通與行不通的辦法來解決。因爲該辦法會給分辨眞假的推論過程，引進一個自然科學所不容許的因素，那就是目的因。我們所以說某個學說或主張行得通，那是因爲該學說或主張所指導的行爲導致行爲人想要的目的。但，「目的選擇」取決於觀念，所以它本身便是一個心思活動事實。而判斷所選擇的目的是否已經達成，同樣也是一個心思活動。唯物論，若想邏輯一致，就不得分辨有意的行爲和植物人般沒有大腦或心思活動的存在。

唯物論者以爲他們的學說只是消除道德方面善惡的區別而已。他們沒意識到，他們的學說也同樣抹煞觀念或命題方面眞假的區別，從而抹煞一切心思活動的意義。如果外在世界的「眞實物體」和內在世界的心思活動間，不存在任何東西，可以視爲基本上不同於傳統自然科學所描述的那些力量運作的結果，那我們就必須像對待自然事件那樣對待心思現象。對一個主張思想之於大腦就像膽汁之於肝臟那樣的學說[13]而言，區別觀念的眞假，不會比區別膽汁的眞假更可以忍受。

【13】Karl Vogt, *Köhlerglaube und Wissenschaft* (2nd ed., Giessen, 1855), p. 32.

第八節　任何唯物論哲學的荒謬

任何嘗試從唯物論觀點解釋歷史事實者，都會遭遇到許多難以克服的問題。關於這一點，只要對最廣爲人知的唯物論哲學——馬克思的辯證唯物論——稍加分析，便可清楚看出。

當然，所謂辯證唯物論，其實不是一門貨眞價實的唯物論哲學。在它的理論脈絡中，「物質生產力」是人類歷史中，在意識型態和社會情況方面，產生一切變化的因素。然而，對於何謂物質生產力，不管是馬克思本人或其追隨者，都從未正式加以嚴謹定義。不過，從他們所舉出的無數關於物質生產力的例子，任何人都不得不推論說，他們心裡想的無非人們在生產活動中所使用的工具、機器和人造的其他器物等等。但，他們沒意識到，這些器物本身並非最終、不能進一步加以分析的純屬物質的東西，而是種種有意的心思活動成果。[14]儘管如此，馬克思主義畢竟是這方面唯一的嘗試，嘗試把某種唯物論或類似唯物論的學說，推展到超越只是某一玄

[14] Cf. *Theory and History*, pp. 108 ff.

學原理的宣示，並進而根據該學說推演出人心所有其他的表徵。所以，如果我們想揭露唯物論的根本缺點，就不能不檢視馬克思的辯證唯物論。

在馬克思看來，物質生產力——獨立於人的意志之外——產生所謂「生產關係」，也就是，產生包含財產權法律，以及司法的、政治的、宗教的、藝術的、哲學的，等等相關意識型態上層結構在內的社會體系。[15]在這個理論裡，物質生產力被認爲具有意志和行爲能力。它想達到一定目的，也就是，想掙脫各種阻礙它發展的鐐銬。當人們以爲他們自己在思考，在做價值判斷和在行爲時，那是他們誤會了。事實上，是生產關係——物質生產力當前的發展狀態必然產生的效果——正在決定他們的想法、意志和行爲。歷史的一切變革，最終都是由於物質生產力的改變而產生，而物質生產力的變化——按馬克思沒有明說的意思——則是不受人的任何努力影響的。人的一切觀念，都是完全搭配物質生產力發展而油然興起的上層結構。物質生產力的最終目的，是要建立社會主義的社會體系，而社會體系的這種變革，勢必「像自然法則是不可改變的那樣」來臨。

---

[15] Cf. Karl Marx, *Zur Kritik der politischen Oekonomie*, ed. Kautsky (Stuttgart, 1897), pp. x-xii.

爲了方便論證，我們姑且承認，物質生產力具有如此這般的特性，以致它不斷努力嘗試掙脫社會體制架在它身上，妨礙它發展的鐐銬。但，在這發展與掙脫過程中，爲什麼首先出現資本主義，而直到物質生產力發展到某個後來的階段，才出現社會主義呢？物質生產力會反思它自己所遭遇的問題，而終於獲致結論，斷定現行的財產權關係已經從原先它自己（也就是，物質生產力）所發展出來的上層結構或形式，轉變成阻礙它自己進一步發展的鐐銬[16]，所以不再和它（也就是，物質生產力）目前的發展階段相配？[17]它會根據這個洞識而決定這些鐐銬必須「爆破摧毀」嗎？它接著會採取行動，爆破摧毀這些鐐銬嗎？它會決定什麼樣的新生產關係必須取代被爆破摧毀的舊生產關係嗎？

把物質生產力視爲具有思考和行爲能力，是如此顯而易見的荒謬，以致後來當馬克思在其主要著作《資本論》裡，比較明確的論述他關於社會主義即將來臨的預測時，對於他這個著名的生產力學說，他本人並不特別重視。在《資本論》裡，他

[16] Marx, 前引著作，xi頁。

[17] Marx and Engels, *The Communist Manifesto*, I.

並非只提到物質生產力方面的行爲。他講到普羅大眾對於日益貧困的命運深感不滿，而這種命運據說是資本主義給他們帶來的，因此他們希望實現社會主義；顯然的，這也是因爲他們認爲社會主義是一個對他們比較有利的社會體系。[18]

每一種唯物論或類似唯物論的玄學，都必然包含的一個關鍵論點，就是把某個沒有生命的因素轉變成一個類似人的東西，也就是，認爲該因素具有能力進行思考，做出價值判斷，選擇目的並採取手段以達到所選擇的目的等等。換言之，這種玄學必定把人特有的行爲能力移轉給某個非人的東西，認爲該非人的東西具有人的理性與識別能力。想分析這世界，又不想面對人心的能力與限制，那是做不到的。所有想這麼做的人，只不過是在以他們自己所發明的幽靈取代實際存在的人心罷了。

從他自己所宣稱的觀點——而這裡從任何唯物論的觀點來說也一樣——馬克思沒有理由拒斥他所不同意的人所發展出來的任何學說。他沒理由說別人是錯誤的。

---

[18] Marx, *Das Kapital* (7th ed., Hamburg, 1914), Vol. I, ch. xxiv, p. 728. Mises, *Theory and History*. pp. 102 ff, 對此處的論證，有一批判性分析。

他的唯物論會吩咐他，必須承認任何學說或意見，必須隨時準備對任何人所提出的任何想法一視同仁，賦予相同價值。爲了避開這個搬磚砸腳的結論，馬克思倚賴自己所發明的歷史哲學。他妄稱，他具有其他難免一死的凡人所不具有的某種特別能力，所以獲得了一個啓示，得知歷史必然且不可避免的發展路徑——走向社會主義。歷史的意義，人類所以被創造出來的目的——至於被誰創造出來，則略而不提——就是要實現社會主義。所以，那些沒聽到或頑固拒絕相信該訊息的人，他們的任何想法完全無須予以理會。

認識論從前述狀況所學到的教訓，就是這個：就任何學說而言，如果它認爲有一些「實在的」或「外在的」力量把它們的歷史寫入人的心中，接著據此觀點，把人心解析爲某種轉化「實在現象」成爲觀念的器具，如同消化器官之消化食物那樣，那麼，它就不曉得如何分辨觀念是眞是假。這時，如果它想避免成爲極端莫衷一是的懷疑論，唯一的辦法就是把人分成好、壞兩類；那些有能力做出和主宰宇宙萬事萬物的神祕超人相同判斷的人是「好人」，而沒有這種能力的人則是「壞人」。它必定認爲，嘗試以理性思辨論證，說服「壞人」改變意見，不會有任何成功的希望。所以，定紛止爭，統一意見的唯一辦法，就是把所有「壞人」——所攜帶或感染到的觀念和「好人」不同者——統統消滅。就這樣，唯物論終於導致了和歷代暴君總是使用的如出一轍的異議排除辦法。

認識論在確立前述這個事實之際，也順帶提供了一個了解我們當代歷史的線索。

第二章　知識本於行爲實踐

行爲範疇，是吾人所有知識的根本範疇。它隱含邏輯的一切範疇，以及規律性和因果觀範疇。它也隱含時間範疇和價值範疇。它涵蓋人的生命特有的一切表現。

第一節　人與行爲

人的特徵，是行爲。人，想要改變他所處環境的某些情況，使某個比較適合他的事態，取代另一個比較不適合他的事態。把人和他所知的其他一切生命與物體區分開來的那些表現和反應，全都是行爲的一個一個例子，並且都只能從我們稱爲行爲實踐的觀點予以分析。以人爲主題的研究，就不屬於生物學的部分來講，始於研究人的行爲，也終於研究人的行爲。

行爲，是有意的動作。它不僅僅是反應，而是價值判斷所產生的反應，是瞄準某一特定目標的反應，並且是由一些關於特定手段合不合適的想法所指導的反應。講到行爲，就不可能不講到因果觀和目的因這兩種範疇。行爲是有意識的反應。行爲是選擇。行爲是意志；行爲是意志的一種表現。

行爲，有時候被視爲特指人的「生存鬥爭」（struggle for survival），而「生存鬥爭」據稱是一切生命共同的現象。然而，「生存鬥爭」一詞，用在一般動植物身上，只是一個比喻。如果有人想從這個比喻推論出什麼意義，那就是在犯錯。如果有人把「鬥爭」一詞完全照字面意思用在一般動植物身上，那就等於認爲，它們有能力感知一些威脅它們生存的因素，有意志決定要保存它們自身的健全完整，以及有心思能力尋找一些使它們得以保存健全的手段。

知識，從行爲實踐的觀點來看，是行爲的一個工具。它的功能，是給人建議如何努力，才能去除所感覺到的不適。人類從石器時代到現代資本主義時代的演化，在比較進步的階段，對於一切事物的性質與根本意義，光是無知，不管相關的知識是否能實際應用在任何企圖影響外在事物的手段或技術規劃上，心裡便也會產生不適的感覺。對人來說，生活在一個陌生的宇宙，光是對於它的終極、眞實性質一無所悉，便會產生一種焦慮感。自有人類歷史以來，去除這種焦慮和苦惱，並在一些根本事物方面安頓人心，便一直是宗教和玄學的宗旨。後來，啓蒙時代的哲學和所衍生的學派向世人許諾，自然科學將會解決這方面所涉及的一切問題。無論如何，事實都是：沉思萬事萬物的根源和本質，沉思人性和人在這宇宙中的角色，是許多人所關切的問題。從這個角度來看，純粹追求知識，完全沒想到要憑藉知識以改善外在的生活情況，也是行爲，也就是想要達到某一比較愜意的事態。

另一個問題是：人心是否具備所需的能力，足以徹底解決此處所涉及的問題？有人也許會說，理性的生物性功能，是幫助人的生存鬥爭，以及幫助人去除所感到的不適。據說，任何超越這種功能所劃定範圍之外的步伐，都導致天方夜譚般的玄學猜想，既不可能證明爲眞，也不能駁斥爲假。人，永遠不可能無所不知。追求眞理的步伐，不管方向如何，必定遲早且無可避免的，止於某一終極給定的因素或事物。[1]

行爲範疇，是吾人所有知識的根本範疇。它隱含邏輯的一切範疇，以及規律性和因果觀範疇。它也隱含時間範疇和價值範疇。它涵蓋人的生命特有的一切表現，也就是，涵蓋人和一般動物共通的生理結構所衍生的表現之外的一切表現。人在行爲時，人心會分辨自己和所在的環境——外在世界——並且嘗試研究該環境，以便影響該環境中的事態發展。

第二節　目的因

人的行爲和自然科學所研究的外在事件，這兩種領域的區別，在於有無目的因

[1] 參見本書第三章第二節。

（finality）這個範疇。我們不知道有什麼目的因，在稱爲自然界的領域裡運作。但，我們知道，人想達到他所選定的一些目的。在各種自然科學，我們探索各種事件之間恆常不變的關係。在研究人的行爲時，我們探索行爲人現在或過去想要達到的目的，以及他的行爲所引起或將引起的後果。

將眞實的世界清楚區分爲兩個研究領域，是科學思想長期發展的一個成果。其中一個領域，我們除了知道它的特徵在於事件的發生順序與連結有其規律之外，不可能獲得其他性質的知識；而另一個領域，我們絕不可忘記，引發事件的力量，有它自己想追求的目的。人，由於自己是一個行爲的生靈，起初傾向於把一切事件解釋爲某些生靈的行爲表現，而這些生靈的行爲，本質上和人自己的行爲並無不同。萬物有靈論認爲，宇宙萬物皆具有行爲能力。當經驗鼓勵人摒棄這個信念時，仍然有人認爲神或大自然像人這樣在行爲。從這個神人同性論解脫出來，是現代自然科學認識論的一個基礎。

實證論者的哲學——這派哲學如今也自命爲科學的哲學——認爲，目的論（finalism）遭到自然科學駁倒這回事，隱含一切神學的教義和人的行爲科學的教誨也統統被駁倒了。它妄稱：自然科學能破解全部「宇宙的謎題」，並且能針對一切可能困擾人的問題，提出一個據稱是科學的解答。

然而，對於宗教所嘗試處理的那些問題的澄清，自然科學並未曾有過任何貢獻，而且也絕不可能會有任何貢獻。將幼稚的神人同性論——按照持此論者的想像，至高存在的神若非獨裁者，就是鐘錶匠——予以駁倒，是神學和玄學的一項成就。對於「神完全不同於人，而且神的根本性質絕不是難免一死的凡人所能掌握」這樣的教義，各種自然科學和它們所衍生的哲學完全無話可說。超越物質世界的東西或意義，已超出物理學和生理學所能提供相關資訊的範圍之外。對於各種神學教義的核心，邏輯既不能證明其爲眞，也不能反證其爲假。在這方面，科學——歷史學除外——所能做到的，只是揭露魔法與拜物等迷信和習俗的謬誤。

實證論否定人的行爲科學擁有自成一格的地位（autonomy），以及否定該門科學所秉持的目的因概念，然而，這些否定不過是在宣示一個不能以自然科學實驗方法的任何發現予以證實的玄學假設罷了。把自然科學用來處理老鼠或鐵塊如何反應的同一套方法用於描述人的反應，是一種有害無益的消遣兒戲。相同的外在事件，在不同的人身上，以及不同的時間在相同的人身上，都會產生不同的反應。面對這種「無規律性」問題，各種自然科學完全無計可施。它們的研究方法只能處理一些遵循某種規律的事件。除此之外，它們並沒有任何空間容納意義、價值判斷和目的等概念。

第三節　價值判斷

價值判斷，是人的情感對其所處環境狀況——包括外在世界狀況和本身的生理狀況——的反應。照樂觀主義者的說法，人會分辨較好和次好的狀況；而悲觀主義者習慣的說法，人會分辨更壞和次壞的狀況。當人相信行爲能導致較好的狀況取代次好的狀況時，人就會行爲。

嘗試把自然科學的方法與認識論原則應用在人的行爲方面的研究，之所以注定以失敗收場，原因就在於自然科學事實上並沒有處理價值判斷的工具。在自然科學研究的現象範圍內，有意的或有目的的反應，沒有任何地位可言。物理學家本人和其物理研究工作，是他研究範圍以外的東西。價值判斷，不僅實驗者的觀察態度察覺不到，物理學所使用的紀錄句語言也無法加以描述。然而，從自然科學的觀點來說，價值判斷也是眞實的現象，因爲它們是產生一定物理現象的連環事件中必要的一環。

物理學家可以嘲笑以「憎惡真空」（horror vacui）爲由解釋某些現象的學說，但他卻未意識到，泛物理主義的基本主張也一樣荒謬可笑。對於人的行爲，或者說，對於一切不能僅以人體生理過程所完成的事件視之的反應，如果不提價值判斷，就完全沒有什麼可講的了。

第四節　統一科學的妄想

所有實證論流派都想阻止人的行爲科學發聲。爲便於討論，且讓我們忍住衝動，暫時放棄剖析實證論對自然科學認識論的貢獻，不管那些貢獻是否爲實證論者的原創，或是否禁得起檢驗。另外，我們也無需花太多時間考究：究竟是什麼動機，促使實證論者熱烈攻擊經濟學和歷史學所採用的「非科學的研究方法」。實證論者一直主張某些特定的政治、經濟與文化改革，認爲這些改革將使人類得救，並保證人類永遠幸福。由於他們無法反駁經濟學家對於他們那些難以置信的計劃，所提出的毀滅性批評，所以他們很想封殺所謂「鬱悶的科學」。

「科學」一詞是否應該只用來指稱自然科學，或者也應該包含行爲學和歷史學？這只是一個如何措詞的問題，答案會隨著各種語言的習慣用法不同而異。在英文裡，「科學」一詞，對許多人來說，僅指稱自然科學。[2]在德文裡，習慣講某某門歷史科學（Geschichtswissenschaft），把歷史學各部門統統稱爲科學（Wissenschaft），譬如文學批評科學（Literaturwissenschaft）、語言科學（Sprachwissenschaft）、藝術批評科學（Kunstwissenschaft）、戰爭科學（Kreigswissenschaft）等等。對於上面這個純屬如何措詞的問題——一個毫無實質意義，關於用語習慣的爭議——我們大可略而不論。

孔德（Auguste Comte）主張模仿古典力學，建構一門以經驗爲依據，研究社

---

[2] 柯林伍德（R. G. Collingwood, *The Idea of History* [Oxford, 1946], p. 249）說：「就像某些俚語，以『大廳』(hall) 表示音樂廳（music hall），或以『影片』(pictures) 表示電影（moving pictures）那樣，也有一種俚語，以『科學』表示自然科學。」但「在歐洲……延續至今從未中斷的語言傳統裡，『科學』一詞表示任何有組織的知識體系。」關於法文的習慣用語，見Lalande, *Vocabulaire Technique et Critique de la Philosophie* (5th ed.: Paris, 1947), pp. 933-940.

會法則和社會事實的社會科學。成百上千位孔德信徒自稱爲社會學家，並稱他們自己所發表的書籍爲社會學著作。其實，他們論述各式各樣從前多少遭到忽視的一些歷史課題，而且大體上也採用歷史學和民族學行之有年的研究方法。至於他們是否在著述標題中提到所處理的期間和區域，那是無關宏旨的。他們的「實證」研究，必然總是指涉某一歷史時期，描述一些隨著時間的流逝而形成、改變和消失的現象。自然科學的研究方法絕不可能用來研究人的表現，因爲這種表現除了讓它有資格稱爲人的行爲，且是先驗的行爲科學所研究的範疇外，並沒有自然科學研究範圍內的那些事件的特性——規律性。

關於所謂「統一科學」的發展計劃，《統一科學國際百科全書》（*International Encyclopedia of Unified Science*）——邏輯實證論、泛物理主義和極端經驗主義的聖經——有詳細的說明。這個被大肆宣揚的計劃所依據的玄學念頭，無論從什麼角度，理性論證都沒辦法加以肯定或否定。不過，矛盾的是，這些起初以根本駁斥歷史打響名號的邏輯實證論學說，卻反過來要我們把一切事件都當成某一無所不包的宇宙史的題材。按照它們的說法，關於自然事件，例如，鈉分子以及槓桿的反應，我們的知識只在我們自己和前輩科學家活著的這一段宇宙時空內有效。沒有任何理由不把化學和力學的陳述當成歷史陳述，而認爲它們具有「任何意義的普遍性」。[3]從這個觀點來看，自然科學變成是宇宙史的一個章節。泛物理主義和宇宙史兩者之間並無衝突。

如果在某一宇宙史時期，我們現在稱爲自然科學的陳述將不再有效，那麼就須承認，我們對於該時期的宇宙情況一無所知。我們在講科學與知識時，心裡想到的只是我們的生命、思考和行爲容許我們去探索的那些情況。這些——存續時間也許有限的——情況以外的，對我們來說，是一個未知也不可知的領域。在我們探索的心靈可以觸及的這部分宇宙，有兩種截然不同的本源（dualism）影響事件的發生順序與連結。一方面是外在事件——對於外在事件，我們所能知道的只是它們彼此有固定關係；另一方面是人的行爲——對於人的行爲，如果欠缺目的因（finality）這個範疇，我們便什麼都不可能知道。所有將此一雙本源觀（或二元論）置之度外的求知嘗試，都受制於武斷的玄學先入之見，只會產生謬論，對實際

[3] Otto Neurath, *Foundations of the Social Sciences* (*International Encyclopedia of Unified Science*, Vol. II, No. 1 [3rd impression; University of Chicago Press, 1952]), p. 9.

行爲沒有任何用處。

在我們的環境中，鈉分子的反應和著作時提到鈉分子的著作家本人的反應，兩者之間有一根本差異。這個差異，不能以我們一無所知的過去或未來某個宇宙時期可能存在著什麼爲由，予以抹煞。我們所有的知識都必須考慮到如下的事實：對於鈉分子，我們完全不知道有什麼目的因在引導它的反應，然而我們知道，人的目的因，例如在著述關於鈉分子的論文時，想達成一定的目的。觸動主義（behaviorism or behavioristics）[4]企圖以「刺激—反應」的理論架構研究人的行爲，但已遭致低劣難看的失敗。如果不講行爲人認爲他所受的刺激有什麼意義，也不講他的反應所要達到的目的對他有什麼意義，那就不可能描述任何人的行爲。

我們還知道究竟是什麼目的，驅使所有如今打著統一科學名號的時髦學說的捍衛者。他們滿腔獨裁者的心理情結。他們要以工程師建造房屋、橋梁和機器時，處理所用材料的方式來處理他們的同胞。他們要以「社會工程」（social engineering）取代他們同胞個別的行爲，要以他們自己獨一無二，無所不包的計

[4] 見前引著作，p. 17。

劃取代所有其他同胞個別的計劃。他們把自己當成獨裁者——元首、領袖和經濟沙皇——而其餘人類都只是他們手中的棋子。如果他們說「社會」是一個行爲者，這「社會」指的就是他們自己。如果他們說社會有意識的行爲應該取代流行的個人主義無政府狀態，這意識指的僅僅是他們自己的意識，而不是其他任何人的意識。

第五節　人的行爲科學的兩個部門

人的行爲科學有兩個部門，一是行爲學（praxeology），另一是歷史。

行爲學是先驗的。它從先驗的行爲範疇出發，把隱含在該範疇中的意義開發出來。基於實際的理由，對於解釋實際發生的人的行爲沒有用處的問題，行爲學一般不大注意，而只專注於爲了解釋實際發生的人的行爲而必須處理的問題。行爲學主要是研究行爲人必須面對的情況下所發生的行爲。這並不會改變行爲學純粹先驗的性質，而只是框限行爲學家所選擇的研究範圍。行爲學家在講到經驗時，完全是爲了分隔兩類問題，一類是對於研究實際的人的行爲有用的問題，另一類是僅具有學術趣味而毫無實際意義的問題。行爲學的某個定理是否適用於某個行爲問題，端看該定理成立所需的特殊假定對於認識眞實情況是否有益而定。無庸置疑的是，行爲學的定理是否適用的問題，無關定理成立所需的特殊假定和行爲學家想要研究的眞實情況是否相符。行爲學主要的——有些人或許更樂於說，唯一的——思想工具，是一些假想建構（imaginary constructions），而在眞實的行爲世界裡，絕不會有這些假想建構所描述的情況。然而，要理解眞實世界裡的行爲，它們是不可或缺的思想工具。甚至最偏執，主張以經驗主義者的眼光解讀經濟學方法的那些人，也免不了使用「均勻輪轉的經濟」（evenly rotating economy）或「靜態均衡」（static equilibrium）這個假想建構，儘管該假想事態絕不可能實現。[5]

有一些哲學家受到康德（Kant）分析的啓發，提出這個問題：人心怎麼可能藉由先驗的思考來研究外在世界的眞實情況？就行爲學而言，這個問題的答案很明顯。不管是先驗的思考與推理，還是人的行爲，都是人心的顯現。人心的邏輯結構，產生行爲事實。理性和行爲是同源且同質的，是同一現象的兩個面向。就此意義而言，我們可以把恩培多克勒（Empedocles）的名言套用在行爲學上：同類可

[5] Mises, *Human Action*, pp. 237 ff.

以知同類（like is known by like）。

有些論述者曾提出這個非常膚淺的問題：如果出現了牴觸行爲學先驗學說的經驗，行爲學家會如何回應？答案是：就像數學家對「兩個蘋果和七個蘋果沒有兩樣」這種「經驗」的回應，或邏輯學家對「A和非A沒有兩樣」這種「經驗」的回應。一切和人的行爲相關的經驗，都以人的行爲範疇和所隱含的定理爲前提條件。如果不指涉行爲學先驗的理論體系，那就不可以，也不能講行爲，而只可以，也只能講一些以自然科學的術語描述的事件。如果不熟悉行爲學所論述的那些先驗的行爲範疇，就不可能意識到人的行爲科學所關切的任何問題。另外，我們也可以附帶的說，在人的行爲領域裡，任何經驗都是特殊的歷史經驗，也都是複雜現象的經驗，而這種經驗絕不可能像實驗室裡的實驗可用來推翻自然科學的命題那樣，用來推翻任何行爲學的定理。

截至目前，行爲學只有一部分發展爲一門有系統的科學知識，那就是經濟學。有一位波蘭哲學家科塔賓斯基（Tadeusz Kotarbinski）正致力於發展行爲學的一個新分支；和經濟學相反，他不研究合作行爲，反而以行爲學的方法研究衝突與戰爭。[6]

人的行爲科學的另一部門是歷史。歷史，涵蓋人的一切行爲經驗，有系統的紀錄人的行爲，敘述過去發生的現象。歷史的記述和自然科學的記述，兩者的差別在於，歷史記述的意義，不是從規律性的觀點來解讀的。當物理學家說：如果A遇到B，就會產生C，那麼不管哲學家怎麼說，該物理學家是想說：不管何時何地，每當A在類似情況下遇到B，都會產生C。當歷史學家講到坎尼戰役（the battle of Cannae）時，他知道他講的是過去的事實，而且該戰役將來絕不會再打起來。

所有經驗都是同一類的心思活動。不存在兩種不同的經驗類別；自然科學所講的經驗和歷史學所講的經驗，不是兩種不同的經驗類別。每一個經驗都是某位觀察者使用他的思考邏輯和行爲邏輯工具，以及他的自然科學知識，對已發生的某個事

---

[6] T. Kotarbinski, “Considérations sur la théorie générale de la lutte,” Appendix to *Z Zagadnien Ogólnej Teorii Walki* (Warsaw. 1938), pp. 65-92; T. Kotarbinski, “Id-ée de la methodologie générale praxeologie,” *Travaux du IXe Congrès International de Philosophie* (Paris, 1937), IV, 190-194.賽局理論和行為學完全不相干。當然，玩牌是行為，但抽菸或狼吞虎嚥三明治也是。請參見本書第五章第七節。

件所做的描述。觀察者的態度決定某個經驗的意義如何解讀——如何有意義的納入自己先前已累積的經驗事實裡。歷史學家的經驗和自然學家或物理學家的經驗，兩者的差別在於，歷史學家主要探究已發生的事件對引發事件或受到事件影響的人，在當時或現在具有什麼意義。

自然科學完全不知道目的因是什麼。目的因是行爲學的根本範疇。但，行爲學將人具體追求的目的內涵抽出，交給歷史來研究。對歷史來說，主要的問題是：行爲人認爲他所面對的情境具有什麼意義，他所採取的行爲反應又具有什麼意義，以及，這些行爲的結果是什麼。歷史，或者說各個歷史學科，它們自成一格的學術地位，就在於它們專注於研究意義。

有一點也許再怎麼強調也不嫌過分，那就是：當歷史學家講「意義」時，這「意義」指的，就是個別的人——行爲人自己和那些受他行爲影響的人或歷史學家——在行爲中所看到的意義。眞正的歷史和各式各樣的歷史哲學觀點截然不同，後者自以爲知道上帝或某個類似上帝的東西——譬如馬克思學說的物質生產力——所賦予每一歷史事件的意義。

第六節　行爲學的邏輯特性

行爲學是先驗的。它的所有定理，都從「行爲」這個先驗範疇推衍出來。至於行爲學的論斷是否該稱爲分析的或合成的，以及它的研究方法是否該形容爲「僅是」反覆述說一些同義語，不過是口舌之爭罷了。

行爲學所論述關於人的一般行爲的定理，對每一個行爲來說，都嚴格有效，毫無例外。要嘛有行爲，要嘛沒有行爲，這兩者之間絕不會有第三種可能。每一個行爲都是一個嘗試，嘗試拿某個事態和另一個事態交換，所以行爲學所論述關於交換的每一個定理，嚴格切合每一個行爲。在分析每一個行爲時，我們會遇到目的與手段，成功或失敗，盈利或虧損，或成本……等等概念。交換可以是直接的，也可以是間接的——也就是經由某個中介步驟來完成的。某一行爲是否爲間接交換，是一個必須由經驗決定的問題。但，如果某個行爲是間接交換，那麼，行爲學關於一般間接交換所論述的一切定理，對該行爲來說，便都精確適用。

行爲學的每一個定理，都是從「行爲」這個先驗範疇推演而得，因此都享有已證明爲眞的確定性，也就是享有從先驗的範疇出發的邏輯推論所賦予的特性。

在行爲學理論推演的特定環節，行爲學家會引進某些關於行爲所在環境情況的假設，然後努力查明這些假設如何影響他的推理必然導致的結果。外在世界的實際情況和這些假設是否相符，必須由經驗來回答。但，如果答案是肯定的，則所有邏輯正確的行爲學推理所獲致的結論，便都精確的描述實際事態的演變。

第七節　歷史的邏輯特性

歷史，就最廣泛的意義而言，係指人的一切經驗。歷史是經驗，一切經驗都是歷史經驗。歷史也涵蓋自然科學的所有經驗。把自然科學從廣義的歷史區隔出來的特徵，在於各種自然科學，懷著「事件發生的順序有其嚴格的規律」這個範疇或先驗的認知態度，處理它們的經驗材料。狹義的歷史，或者說，一切關於人的行爲經驗，絕不可以，而事實上也不指涉這個規律性範疇。正是這個認識論方面的差異，把狹義的歷史和自然科學區隔開來。

經驗，總歸是過去的經驗。沒有未來的經驗，一如沒有未來的歷史。如果不是因爲出現統計學家從事商業預測的荒唐問題，原本是沒必要重複前述這個自明之理。關於商業預測的問題，還有一些話待會再說。[7]

歷史紀錄人的行爲。它查明某些人受到一定觀念的影響，做出一定的價值判斷，選擇了某些目的，而爲了達到所選擇的目的，採取了一定的手段。它進而探究這些人的行爲所產生的後果，也就是探究行爲所導致的事態變化。

人的行爲科學之所以有別於自然科學，特徵不在於所研究的事件不同，而在於看待事件的方式不同。同一事件從歷史觀點來看，和從物理學或生物學觀點來看，顯得不同。如果都不在法庭上當鑑定人，那麼，歷史學家對一件謀殺案或一起火災感興趣的面向，便和生理學家或化學家不同。對歷史學家來說，自然科學所研究的外在世界事件當中，唯有對人的行爲有影響，或是人的行爲所產生的，才值得注意。

在歷史學領域，終極給定的事實稱作個人的個性（individuality）。當歷史學家窮盡「解釋」的能力時，便會提到個人的個性。歷史學家「解釋」某一事件——某一觀念的起源或某一行爲的執行——時，會把事件回溯到某個人或許多個人的行

---

[7] 參見本書第四章第五節。

爲或活動。這時他會碰到一道障礙，阻止他應用自然科學去解釋人的行爲，這道障礙就是：沒有辦法知道一定的外在事件，如何在人身上產生一定的心理反應，或者說，產生一定的觀念和意志。

曾經有許多人嘗試把人的行爲，回溯到一些可以用自然科學方法予以描述的因素，結果一律失敗。這些人強調，保存自己的生命和繁衍自己的種族，是每一種生物與生俱來，不可磨滅的衝動，因此他們宣稱：飢餓與性是人的行爲主要的，甚至是唯一的動機。然而，無可置疑的是，人對這些生物性衝動的反應，和非人的生物對它們的反應，兩者之間在方式上有著相當大的差異；人，除了想要滿足他的動物性衝動之外，也想要達到其他一些特別屬於人，通常稱爲比較高尙的目的。人體的生理需求——首先是食慾和性慾——會影響行爲人的選擇，這個事實，歷史學家從未忘記。人，畢竟是一種動物。但，人是唯一行爲的動物；人在彼此衝突的目的之間做選擇，而這正是行爲學和歷史的主題。

第八節　情理學的方法（The Thymological Method）

人的行爲環境，具體取決於兩方面的因素，一是自然的事件，另一是他人的行爲。他所計劃的未來，將由像他自己這樣也在計劃與行爲的人共同決定。如果他想成功，就必須對他人的行爲有所預料與因應。

未來之所以不確定，不僅是因爲他人未來的行爲不確定，也因爲行爲人沒有足夠的知識，不能準確預料許多對行爲有重大影響的自然事件。例如，關於決定天氣情況的因素，氣象科學提供了一些知識；但，氣象知識充其量只能使氣象專家有幾分把握預測未來幾天的天氣，絕不可能用來預測更長期的天氣。在其他一些領域，人洞察未來的能力，甚至更爲有限。在處理這種知識不夠充分所造成的不確定時，人所能做到的，唯有盡可能利用自然科學所提供的有限知識。

人在預料他人會如何行爲時所採取的一些方法，和他在處理自然事件時所採取的方法，大不相同。有很長一段時間，哲學和科學對這些方法幾乎不聞不問，認爲它們是不科學的，不值得嚴肅的思想家認眞對待。當哲學家開始研究這些方法的時候，把它們稱作心理學的（psychological）方法。但，這個形容詞變得不適當，因爲實驗心理學的技術發展起來以後，幾乎所有前幾代學者稱作心理學的東西，不是被全盤駁斥爲非科學，就是被貼上「僅是文學」（mere literature）或「文學心理學」（literary psychology）等輕蔑的標籤，而歸入另類的研究。實驗心理學的捍衛者信心十足，認爲他們在實驗室裡的實驗，有一天會給所有關於人會如何反應的問題，提供科學的解答，至於傳統關於此等問題的論述，在他們看來，不過是含糊不清的童言兒語，或胡言亂語的玄學。

事實上，對於人在設法預料同胞的行爲時所關切的那些心理學問題，實驗心理學沒有什麼可講的，而且從來也沒講過什麼相關的。「文學心理學」的主要核心議題是意義，一種超出任何自然科學和任何實驗室實驗範圍的東西。實驗心理學是一門自然科學，而「文學心理學」則關注人的行爲，也就是關注決定行爲的觀念、價值判斷和意志。由於「文學心理學」一詞相當累贅，而且任何人都不可能造出一個和它對應的（英文）形容詞，所以我曾建議以情理學（thymology）取代它。[8]

情理學是歷史學的一個分支，或者按照柯林伍德（R. G. Collingwood）的系

---

[8] Mises, *Theory and History*, pp. ff.

統歸類，它屬於「歷史的範圍」。[9]它的主題是決定人的行爲的心思活動。它研究什麼樣的心思活動引發某個人的一定反應，或者說，研究人心對所處環境情況的反應。它研究某種看不見也摸不著，用自然科學的方法察覺不到的東西。但，自然科學必須承認，從它們自己的觀點來說，這種東西——行爲人的心思活動——也是眞實的，因爲在它們視爲專屬的研究領域中，這種東西是導致研究對象發生變化的一

---

[9] 當H.Taine於1863年寫到「歷史的背後是心理學的問題」(*Histoire de la litérature anglaise* [10th ed.; Paris, 1899], Vol. I, Introduction, p. xiv) 時，他並未意識到：他心裡想的心理學，並非自然科學裡稱為實驗心理學的東西，而是我們稱作情理學的那種心理學，而且情理學本身便是一門歷史學科，或者按W. Dilthey (*Einleitung in die Geisteswissenschaften* [Leipzig, 1883]) 的術語來說，它是一門精神科學 (a *Geisteswissenschaften*) 。柯林伍德 (*The Idea of History* [Oxford, 1946], p. 221) 區別「歷史思想」和另一個頗有問題的心理研究方法：前者「研究一定情境下依一定方式行為的人心」，而後者則「抽離任何特定情境和特定行為，研究人心的一般特徵」。他說，後者的成果「不會是歷史，而是精神科學、心理學或人心的哲學」。他指出(p. 224)，這樣一種「實證的，據說將在歷史範圍之外興起，要把永恆不變的人性定律予以確定的人心科學」，「只有錯把某個歷史年代短暫的情境視為永恆的人生情景的人，才會認為可能發展起來」。

連串事件中的一個環節。

一群以德國西南學派（südwestdeutsche Schule）聞名於世的哲學家和歷史學家，在分析和徹底駁倒孔德的實證論主張之際，詳盡說明了一個已爲前輩學者所熟悉，但意思還比較不明確的概念和方法——「了解」（Verstehen）。人的行爲科學特別採用的「了解」方法，目標在於確立如下事實：人們認爲所處環境的情況具有一定的意義；他們評估這個情況的價值；他們受到這些價值判斷的激勵，採取一定的手段，試圖保存或達到一定的情況——這個情況不同於，如果他們放棄採取任何有目的的反應，那個勢將到來的情況。「了解」處理人們的價值判斷，處理目的的選擇，處理爲達到這些目的的手段選擇，以及處理行爲完成後人們對結果的評價。

科學研究所採取的方法，和每個人用來處理日常瑣事的方法，本質上並無不同。科學的研究方法只是比較精細，並且已盡可能剔除方法本身的矛盾和衝突。「了解」並不是唯獨歷史學家才採用的特殊方法。一般嬰兒，過了出生最初幾天或幾星期的無意識成長階段，便會實際應用「了解」的方法。凡是人，對任何外來刺激的有意識反應，無不接受「了解」的引導。

「了解」預設與隱含人心的邏輯結構，以及人心所有的先驗範疇。生物遺傳定律把個體發生史（ontogeny）視爲物種發生史（phylogeny）的一個縮短版的重演。我們可以按某一類比方式描述心思結構的變化。兒童出生後的心思發展過程，重演人類的心思演化史。[10]當乳兒開始朦朧的意識到，想要的目的可以用一定的行爲模式達成時，他在情理上就成爲人了。非人的動物從未進步到超脫本能衝動和制約反射的箝制。

首先詳盡說明「了解」概念的哲學家和歷史學家，當時想要駁斥實證論者對歷史學方法的蔑視。這解釋爲什麼「了解」起初只被當成一種用來研究過去的心思工具。但，人藉由「了解」洞燭過去，只是他努力預料未來會發生什麼情況的預備步驟。從實用的觀點來看，人之所以在乎過去，顯然只爲了因應未來。例如，自然科學研究經驗，而經驗必然總是關於過去事實的紀錄；因爲規律性和因果觀這兩個先

---

[10] *Language, Thought and Culture*, ed. By Paul Henle (University of Michigan Press, 1958), p. 48. 當然，這裡的類比並不完美，因為絕大多數人的情理修養水準，在距離他們年代的情理發展顛峰還很遠的地方，便停止進步。

驗範疇實際上行得通，使這種研究有助於引導應用科技的行爲，而行爲必然總是想要對未來的情況有所安排。對過去的「了解」，也提供類似自然科學的幫助，使人的行爲盡可能成功。「了解」旨在預料人的觀念、價值判斷和行爲如何影響未來的情況。魯賓遜遇到僕人 Friday 之前的那種情況除外，任何人都不可能計劃或執行任何行爲，除非充分考慮到他人將會如何行爲。行爲隱含「了解」他人的反應。

在自然科學所探索的範圍內，人對未來事件的預料，是以規律性和因果觀等先驗範疇爲依據，預料未來的事件。一些次要道路上的橋梁，如果有載重十噸的卡車在橋上通過，便會垮掉。但，我們不會預期喬治華盛頓大橋因這樣的載重坍塌。對於我們的物理知識與化學知識賴以確立的那些先驗範疇，我們有堅定的信心。

在預測同胞的行爲反應時，我們不能倚賴前述的規律性。大體上，我們假定，其他情況相同時，同胞未來的行爲，如果沒有特別的理由，不會偏離過去的行爲，因爲我們假定，從前決定他們如何行爲的那些因素，也將決定他們未來的行爲。我們知道自己和他人不同，但不管如何不同，我們都會努力猜測他人對所處環境的變化將如何反應。根據對某個人過去如何行爲的認識，我們建構一個稱作他的性格的行爲反應模型。我們假定，如果沒有特殊理由的介入，這個性格將不會改變，而更進一步，我們甚至嘗試預測情況的變化如何影響他的反應。和某些自然科學所提供的看似絕對確定的預測相比，前述這些假定，以及以它們爲依據的一切推論，顯然相當不可靠；實證論者也許會嘲笑它們不科學，然而它們是唯一可以用來處理相關問題的辦法。對任何要在社會上完成的行爲來說，它們是絕對必要的假定或條件。

「了解」並不處理人的行爲當中行爲學所論述的那一面。「了解」指涉我們同胞具體的價值判斷、目的選擇和手段選擇。「了解」不指涉行爲學和經濟學的領域，但指涉歷史的領域。「了解」是一個情理學概念。人的性格是一個情理學概念。每一個性格的具體內涵，都源自歷史經驗。

除非對將來有所「了解」，否則不可能計劃或執行任何行爲。甚至一個孑然孤立的人，他的行爲也隱含他本人對自己未來的價值判斷有一定的「了解」或假設。就此而言，我們可以說，行爲取決於行爲人對本身性格的「了解」，或者說，取決於行爲人對本身性格所形成的印象。

「投機」（speculate）一詞，原本用來表示任何種類的沉思與意見的形成。如今，這字眼帶著可恥的涵意，被用來輕蔑資本主義市場經濟裡的某些人，這些人比一般人更優於預料他們同胞未來的行爲反應。形成此一語意習慣的緣由，在於短視的人看不出未來是不確定的。這種人不知道：一切生產活動都是爲了滿足最迫切的未來需求，但未來的情況將是如何，當下誰也不能確定。他們不知道：人，在爲將來做準備的時候，必須處理一個定性（qualitative）而非定量的問題。在所有社會主義撰述者的著作中，找不出絲毫暗示觸及生產活動安排者的一個主要問題——如何預料消費者的未來需求。[三]

每一次行爲，都是一次投機，也就是，都接受某一指涉不確定的未來情況將會如何的意見的引導。即便是短期的行動計劃，也須面對這種不確定的問題。誰也不知道是否會發生一些沒預料到的事情，使他爲明天或爲下一小時所做的一切準備變得徒勞無功。

[三] Mises, *Theory and History*, pp. 140 ff.

第三章　必然性與意志

誠實的人，如果完全熟悉現代自然科學的一切成就，
就該爽快且毫無保留的承認：
自然科學不知道人心是什麼，不知道人心如何運作，
而且自然科學的研究方法也不適合處理人的行爲科學所處理的問題。

第一節　無限

對人心來說，否定——認爲某樣東西暫時不在或完全不存在，或否決某一命題——是可以想像的見解。但，絕對否定任何東西，或絕對「無一物」的見解，就超出人心所能理解的範圍。同樣不可理解的是，「無」中生「有」的見解，即認爲有一絕對的開始。《聖經》告訴我們，主，「無」中生「有」，創造了這個世界；但，上帝本身從永恆以來就已存在，而且也將永遠存在，或者說，上帝無起始無終了的存在。

在人心看來，所有事物都發生在原已存在的事物上。新事物的出現，被人心視爲某種事物的演化——成熟——並且該事物也已具有發展潛能的藏在先前存在的事物當中。昨日的宇宙全體，包含已具有發展潛能的今日宇宙全體。宇宙是一個涵蓋所有事物的場景，是一個從無限過去延伸到無限未來，連綿不絕的存在，是一個人心無法想像會有起始或終了的存在。

每一現存事物之所以是它現在這個樣子，而非其他某個樣子，就因爲它的前身具有某一特定的型態與結構，而非其他不同的型態與結構。

我們不知道，超越人類且完美無缺的心靈，對於前述這些議題會有什麼想法。我們只是具有人心的人，因此我們甚至無法想像，一個比較完美，和我們心思能力根本不同的心靈，具有什麼樣的效力與能耐。

第二節　終極給定的事實

因此，科學研究，對於所謂宇宙之謎，永遠提供不了完整的解答。科學研究永遠不可能說明：今日一切的「有」，如何出自一個無法想像的「無」，而有朝一日，一切的「有」又如何會再度消失，重歸於「無」。

科學研究，或遲或早，不可避免的，會碰到某個最終給定的事物，也就是，會碰到某個不能追溯到其他事物的事物，某個不能看作是其他事物之經常或必然衍生物的事物。科學的進步，就在於把這最終給定的事物往後推得更遠。但，在科學進步史的任何階段，總是仍會有某種事物——對渴求完整知識的人心來說——是暫時的中止點。過去數十年間，有一些出色，但心態偏執的物理學家，把自己無法將某些現象——這些現象，對他們來說，是最終給定的事物——追溯到其他現象這回事，當作是推翻決定論（determinism）的一項證據。然而，所謂推翻決定論的證據，其實只是他們排斥哲學和認識論思考罷了。當代物理學在某些環節也許眞的——也或許不見得是眞的——已經發展到了人的知識所能達到的極限，再也不可能進一步擴張了。但，不管這是不是眞的，在自然科學所有的學說裡，沒有哪一項定理，可以從哪一個觀點視爲和決定論並不相容。

所有自然科學都完全根據經驗。它們所知道和所處理的一切，都出自經驗。如果自然事件的連結與發生順序沒有任何規律可言，這種經驗便不能告訴我們任何東西。

但，實證論的哲學，試圖主張一個遠遠超過我們從經驗所能學到的命題。實證論者自以爲是，認定這個宇宙裡沒有哪一樣事物，不能用自然科學的實驗方法加以研究和充分說明。但，所有人都承認，自然科學的實驗方法，對於解釋有別於物理化學現象的生命現象，迄今一直毫無貢獻。一切拼命以力學原理去解析思考和價值判斷的努力，迄今都以失敗收場。

前面那些評述的意思，絕不是要對人生或人心的性質與結構表達任何見解。這本小書，就像本書〈作者序〉的第一句話所說，不是一本哲學的創作。我們所以提到前述那些問題，只爲了說明：實證論對這些問題的處理，隱含一個絕不可能有實驗基礎的定理。該定理說，一切觀察得到的現象都可以還原爲（或溯源至）物理和化學原理。然則實證論究竟以什麼爲根據而導出該定理？如果把該定理視爲一個先驗的假設或範疇，那肯定是錯的。先驗假設或範疇的一個特徵是：就相關議題而言，任何與先驗假設不同的假設，對人心來說，都顯得不可想像與自相矛盾。但，我們正在討論的這個實證論所主張的定理，肯定沒有前述的特徵。某些宗教信仰和玄學理論體系所講授的觀念，既非不可想像，也不是自相矛盾。在它們的邏輯結構中，沒有任何矛盾迫使講理的人，必須如同拒絕「A和非A之間沒有任何差別」那樣拒絕它們。

有一道認識論的鴻溝，將自然科學所研究的事實領域，和思考與行爲的事實領域分隔開來；這一道鴻溝並沒有因爲自然科學的任何發現與進步而縮減。關於這兩種事實領域彼此的關係與相互依存的性質，我們所知的一切都是玄學。實證論者的學說，否定任何玄學學說的正當性，然而，和不同於它的學說相比，它本身的玄學成分不見得比較少。這表示：在人類文明與知識發展的現階段，關於靈魂、人心、信仰、思考、推理與意志等等議題，任何人所發表的意見，都不具有自然科學的認識論特性，因此絕不能視爲科學的知識。

誠實的人，如果完全熟悉現代自然科學的一切成就，就該爽快且毫無保留的承認：自然科學不知道人心是什麼，不知道人心如何運作，而且自然科學的研究方法也不適合處理人的行爲科學所處理的問題。

邏輯實證論的捍衛者，如果有智慧的話，就會謹記維根斯坦（Wittgenstein）的忠告：「在沒有資格講話的地方，就該保持沉默。」（Whereof one cannot speak, thereof one must be silent.）[1]

第三節　統計

統計，是關於沒有規律可言之現象，一個就其數目方面之事實的描述。如果現象的發生順序呈現一定的規律，那麼，要描述相關事實，便不需要統計。例如，生命統計的用意，並不是要確認「凡是人皆難免一死」的事實，而是要對人的壽命——

[1] L. Wittgenstein, *Tractatus Logico-Philosophicus* (New York, 1922), pp. 188 ff.

一個大小不一的數目——提供一些情報。因此，統計是一種特別供歷史學者使用的方法。

在相關現象遵守一定規律的領域，統計除了顯示「所有的案例，在A發生後，都跟著發生P，從未有某一不同於P的事物跟著發生的案例」，不可能顯示其他不同的經驗。如果統計顯示，在百分之X的案例中，A發生後，跟著發生P，但在其餘的案例中，A發生後，則跟著發生Q，那麼，我們就必須假定，將來更爲完美的知識，一定會把A拆解爲兩個因素B和C，讓P總是跟在B之後發生，而Q則總是跟在C之後發生。

統計是歷史研究的一個資料來源。在人的行爲方面，有一些事件或現象的特徵，可以用一些數目來描述。例如，某一學說對人心的影響，無法以任何數值來表達。它的影響「份量」，只能以歷史學家專門使用的「了解」方法來探查或確定。[2]但，在以戰爭、革命和暗殺爲手段來安排社會情況，使其符合某個學說理想的奮鬥過程中，究竟有多少人丟掉性命？如果所需的史實文件全部就緒，便可以精

---

[2] 參見本書第四章第三節。

確斷定出一個數目。

統計所提供的數目資料，指涉歷史事實，也就是，指涉過去某段時間，某個地方的某一群人身上所發生的一些事件。統計指涉過去，不指涉未來。像任何其他過去的經驗那樣，統計有時候對於計劃未來很有用處，但統計並不會提供任何對未來直接有效的訊息。

沒有所謂「統計法則」這種東西。人們之所以採用統計方法處理問題，恰恰就因爲他們沒辦法在事件的連結與發生順序中找到任何規律。最著名的統計成就，死亡率統計表，所顯示的，並不是穩定的，而是逐漸改變的人口死亡率。在歷史過程中，即使自然環境沒出現任何變動，但，因爲許多對人的平均壽命有影響的因素，例如：暴力、日常飲食習慣、醫療和衛生措施、食物供應等等，是人行爲的結果（而活著的人，又不斷行爲，而行爲又意味著改變），所以，人的平均壽命當然因時而異。

「統計法則」這個概念，源自某些撰述者，在研究人的行爲時，不知道爲什麼一些統計資料僅僅緩慢變動，從而在盲目的情緒激動下，輕率的將緩慢變動視同沒有變動。於是，他們自以爲在人的行爲方面發現了一些規律或法則；但，對於這些規律或法則，不管是他們自己，或是其他任何人，都不知道怎麼解釋，也就是，都不知其所以然，除了假定——這裡必須強調，這是一個毫無根據的假定——統計已經證實了這些規律或法則。[3]物理學家如今使用的「統計法則」一詞，是從前述那些撰述者不可靠的哲學中借來的，但給了它一個和它在人的行爲領域中原先的意思不同的涵意。這些物理學家和未來世代的物理學家賦予這個名詞什麼意思，以及統計對實驗科學的研究和應用究竟能有什麼用處，不在本書所要討論的範圍。

自然科學的範圍，是人心能夠在其中發現事物間固定關係的領域。人的行爲科學的範圍，特徵在於：除了行爲學所處理的那些關係，沒有固定的關係。在自然科學中，有（自然）法則（或定律）和測量。在人的行爲科學中，沒有測量，而且——除了行爲學所處理的部分——沒有法則（或定律）；只有包括統計在內的歷史。

---

[3] 關於這一類學說中最著名的一個例子，也就是，T. H. Buckle的學說，請見Mises, *Theory and History*, pp. 84 ff。

譯注：米塞斯在此認為，相關撰述者不僅「不知其所以然」，甚至他們自以為「知其然」的「然」，其實也是「不然」。

第四節　自由意志

人，不像一般動物，不是對本能和肉慾衝動百依百順的傀儡。人有能力克制本能的慾望，他有自己的意志，他在不可兼得的目的之間做選擇。就此意義而言，他是一個有道德感（或者說，有爲有守，知所取捨）的人；就此意義而言，他是自由的。

然而，這種自由並不容許解釋爲獨立於這宇宙和它的法則之外。人也是這宇宙的一分子，也和其他事物一樣出自某個萬物之母X。他從無窮世代的祖先，承襲了自己這一具身軀；他在出生後的生活中，受到種種身體與精神的經驗影響。他，在這一生——他的人世間旅程——的任何時刻，都是整個宇宙史的產物。他的一切行爲，都是前述這一切因素所塑造出來的他的個性（individuality）不可避免的結果。某個無所不知的存在，可能早已正確預料到他的每一次選擇和行爲（然而，我們無須處理「無所不知」這個概念所引起的錯綜複雜的神學問題）。

意志自由的意思，並不是說：引導某個人如何行爲的決定，宛如是從外面降臨到這宇宙似的，給這宇宙增加了某些和先前構成這宇宙的種種事物無關，而獨立於先前種種事物之外的事物。行爲接受觀念的引導，觀念是人心的產物，而人心則無疑是這宇宙的一部分，它的能力嚴格取決於這宇宙全體的結構。

「意志自由」是指：促使某個人做出一個決定（或選擇）的那些觀念，就像其他一切觀念那樣，並非由外在的「事實」「產生」的，並非「反映」事實的情況，也並非「獨特取決於」任何可以確定的外在因素，也就是，我們並不能，像在其他一切「可以把某一效果歸因於某一特定原因」的場合那樣，把引導行爲的觀念歸因於某個外在因素。對於某個人的某次行爲與選擇，我們除了能說他的個性（individuality）導致該行爲與選擇外，沒有其他的話可說。

我們不知道，某個人的個性——某個被他自己所繼承和所經驗的一切形塑而成的人——如何因爲遭遇到某一新的經驗而產生一定的觀念，從而決定了該人的行爲。對於怎樣才能獲得這種知識，我們甚至沒有任何臆測。另外，我們意識到，如果這種知識是人可以取得的，從而人能夠像工程師操作機械那樣，操控觀念以及相關意志的形成，那麼，人的處境將會發生根本的變化。將會有一道鴻溝隔開兩種人，一邊是操控他人觀念與意志的人，另一邊則是觀念與意志受人操控的人。

正因爲欠缺這種知識，才產生自然科學和人的行爲科學之間的根本差異。

在談到自由意志時，我們是要指出，某種東西對事件的發生有一定的作用，而對於這種東西，自然科學不僅不能提供任何說明，甚至看不見這種東西。然而，因爲我們無法想像會有一個「無中生有」的絕對開始，所以我們不得不假定，這種看不見，也摸不著的東西——人心——也是這宇宙固有的一部分，是整個宇宙史的一種產物。[4]

傳統關於自由意志的論述，提到行爲人在下定決心之前猶豫不決。在下定決心之前，行爲人在不同的行動方案之間游移不定，每一個方案似乎都有一些其他方案所欠缺的優點和缺點。他權衡它們的利弊得失，想找出那個適合他的性格，也適合他所了解的當下具體情況，從而使他的所有顧慮得到最佳滿足的決定。這是在說：他的個性——即，他在出生時遺傳自祖先的一切，以及他自己直到下定決心前所經歷的一切，合併起來的產物——決定那最後的決心。如果後來他回顧他的過去，他就會意識到，他過去在任何場合的舉措，完全取決於採取行動的那一刻他是一個什麼樣的人。但，在回顧過去時，究竟是誰能夠清楚描述所有對過去的決心產生作用

[4] 關於這些問題，請參見Mises, *Theory and History*, pp. 76-93。

的因素，究竟是行爲人自己，抑或是某個不受影響的旁觀者？則是一個無關緊要的問題。

沒有誰能有自然科學做預測時的自信，預測自己和他人將來會如何行爲。我們沒有辦法知道關於人的個性所需知道的一切，所以沒有辦法讓行爲方面的預測，達到應用科學在工程技術方面的預測所達到的確定程度。

歷史學家和傳記作家在分析和解釋主題人物的行爲時所採取的方法，顯示他們對相關問題的見解，比道德哲學長篇累牘又深奧微妙的論述，更爲正確。歷史學家的分析和解釋，係依據行爲人所處時代的精神（或思想）氛圍和行爲人過去的經驗，依據行爲人是否知曉一切可能影響決策的資料，依據行爲人的健康狀態，以及其他許多可能有作用的因素。但，即使所有這些事項都已獲得充分注意之後，還會有一個抗拒任何解釋的因素留下來，那就是行爲人的性格或個性。就凱撒爲什麼渡過Rubicon河這個問題而言，說到底，最後的答案，除了「因爲他是凱撒」外，沒有別的了。我們在處理人的行爲時，絕不可能排除行爲人的「個性」。

人與人是不相等的；人人彼此不同。他們不相同，因爲他們出生前，以及出生後的歷史，絕不相同。

第五節　必然性

所有已發生的事件，在當時主要的情況下，都勢必發生。某個事件所以發生，是因爲促使它發生的力量比相反的力量更爲強大。它的發生，就此意義而言，是不可避免的。

當歷史學家從事後觀點，說某一件事不可避免，他可不是在贅言。他是把某一件事或一列事A，當作產生第二件事B的驅動力；心照不宣的附帶條件是：只要沒出現力量足夠強大的抵消因素。如果沒有這樣一個反制的力量，A勢必產生B，因此容許說，B是不可避免的結果。

在預測未來的事件時，除了行爲學法則所涵蓋的範圍外，說某某事件「不可避免」，純粹是毫無意義的花巧比喻，絲毫不會增加所做預測的確實性，而只不過證實預測者自己對所做預測的痴情。種種歷史哲學體系的預言噴發，不外如是。[5] 例如，馬克思聲稱自己的預言具有「自然法則般的不可避免性」（Notwendigkeit

[5] 關於歷史哲學這個議題，請見Mises, *Theory and History*, pp. 159 ff。

eines Naturprozesses），[6]不過是修辭把戲罷了。

宇宙和人類歷史所發生的重大轉折，往往是許多事件綜合的結果。這些對重大的歷史轉折產生作用的事件，每一個都是由某些在它之前出現，並且產生它的因素所嚴格決定的，而這些因素也同樣決定了它在促成該歷史轉折過程中所扮演的角色。但，如果分別產生這些事件的因果鏈彼此互不相干，那麼，在符合這個條件的程度內，便可能導致一種誤解，而過去某些歷史學家和哲學家也的確因爲有此一誤解，從而誇大機遇（或運氣）在人類歷史中所扮演的角色。他們未能意識到，須按照各個事件的影響份量，以及它們如何合作產生綜合的效果，來分辨它們的大小等級。如果只有一件小事有所更動，那對全部結果的影響也就不會很大。

一個很難令人苟同的論述方式這麼說：如果塞拉耶佛（Sarajevo）的警察部門在一九一四年六月二十八日當天能夠更有效率些，奧國的皇太子就不會遭到謀殺，而世界大戰和一切災難性後果便可避免。其實，使該次大戰成爲——就前述的意義而言——不可避免的原因，一方面是哈布斯堡皇室（the Habsburg Monarchy）轄

[6] Marx, *Das Kapital*, Vol. I, ch. xxiv, point 7.

下各語言族群（各民族）彼此不可調和的衝突，而另一方面則是德國人努力想要建立一支強大到足以擊敗英國海上霸權的海軍。俄國的革命勢必會發生，因爲絕大多數俄國人民強烈排斥沙皇的統治和他所採取的官僚管理方法；大戰的爆發並未加速革命的到來，反而暫時延緩了革命。歐洲各民族狂熱的民族主義（nationalism）和國家至上主義（etatism）如火如荼的發展，只可能以戰爭收場。這些因素使該次大戰和它的災難性後果成爲不可避免，不管塞爾維亞民族主義分子是否成功謀殺了奧國皇儲。

政治、社會和經濟方面的事情，是所有人合作的結果。人們個別的貢獻，儘管重要的程度通常有相當大的差異，仍然是屬於同一量級，所以大體上，某人的貢獻可以由其他一些人的貢獻來取代。某一意外事故，消除了某個人的貢獻，即使他是一個很傑出的人，也只會稍稍改變原來事情進行的路線。

然而，在最偉大的知識與藝術貢獻方面，情況就和前述不同。天才的偉大創作，超出世事常見的變動範圍。天才，在許多方面，也是由他所在環境的情況來決定的。但，賦予他的創作以特殊光輝的，卻是某種獨特的，無法被其他任何人複製出來的東西。我們既不知道什麼基因組合產生天才的先天潛力，也不知道要使這種潛力開花結果需要哪種環境情況。如果天才避開了所有對他本人和他的創作可能造成傷害的危險，那對人類就更好。如果某一意外事故消滅了他，所有的人都會失去某種無可取代的東西。

如果但丁（Dante）、莎士比亞（Shakespeare）或貝多芬（Beethoven）死於童年，人類就會永遠錯過他們所賜予的恩惠。我們就這個意思可以說，機遇（或運氣）對世事的演變有一點影響。但，強調這個事實，和接受先驗的「決定論」假設，兩者之間一點也不矛盾。

第四章　確定與不確定性

行爲結構中，沒有人心不能予以充分解釋的東西。
就這個意思來說，行爲學提供確定的知識。
只要有智人這一類人種，就會有行爲學當作先驗範疇加以研究的人的行爲。
就這個限定的意思來說，行爲學提供關於未來情況的精確知識。

第一節　精確定量的問題

在實驗室控制的條件下，對外在現象的實驗和觀察，使各門自然科學得以進行測量，並將知識量化。有人基於這個事實，常把自然科學稱爲精確的科學，並且瞧不起人的行爲科學欠缺精確。

時至今日，不再有人否認：由於我們的感官功能不足，所以就「完美與精確」這兩詞的完整意思來說，測量絕不會是完美與精確的。所有測量都只是差不多的近似。另外，海森堡原理（the Heisenberg Principle）也顯示，有一些關係，人完全沒辦法測量。我們對自然現象的描述，沒有所謂「精確定量」這種事。然而，對物理的與化學的東西進行測量，所能提供的那些近似值，大致上足堪實際應用。應用科學或科技學（technology）的範圍，便是近似測量與近似明確定量行得通的範圍。

在人的行爲領域，沒有任何因素之間的固定關係。因此，不可能進行測量或將知識量化。人的行爲科學所遇到的一切可測量的量，都是人生活與行爲所在的環境所產生的各種數量（它們不是，也不可能是實驗室裡所產生的事實）。它們是歷史的事實，例如：經濟史或軍事史的事實，從而必須和理論性的行爲科學——行爲學，尤其是行爲學當中最先進的部門，即經濟學——所處理的問題清楚區別開來。

許多撰述者由於誤以爲人的行爲科學必須仿效自然科學的方法，所以致力於某種量化經濟學的工作。他們認爲，經濟學應該模仿化學，從定性分析進步到定量分析。[1]他們的座右銘是實證論者的這一句箴言：科學即測量。他們獲得豐沛的基金支持，汲汲營營於重印和重新整理政府、同業公會、大公司和其他企業所提供的統計資料。他們努力計算這些各式各樣的資料之間的算術關係，藉此來決定他們——仿照自然科學的術語——稱作「相關」與「函數」的一些東西。他們未能意識到，在人的行爲領域，統計永遠是歷史，而他們所謂的「相關」與「函數」，除了描述某一段時間和某一區域的某一群人行爲的結果之外，沒有其他任何意義。[2]計量經

---

[1] J. Schumpeter, *Das Wesen und der Hauptinhalt der theoretischen Nationalökonomie* (Leipzig, 1908), pp. 606 ff; W. Mitchell, "Quantitative Analysis in Economic Theory," *American Economic Review*, XV, 1 ff.; G. Cassel, *On Quantitative Thinking in Economics* (Oxford, 1935); 以及與日俱增的書刊論文洪流。

[2] Mises, *Human Action*, pp. 347 ff.

濟學，作爲經濟分析的一個方法，是一種幼稚的數字遊戲，對於闡明眞實的經濟問題沒有絲毫貢獻。

第二節　確定的知識

極端經驗主義，不認爲凡人的心思能夠獲得關於宇宙情況的確定知識。它認爲：邏輯和數學的先驗範疇，都是人自由選取的一些假設或公理（conventions），而之所以選取它們，只是爲了方便得到人能夠取得的知識。以它們爲根據的演繹所得到的一切推論，都是同義反覆的東西，並沒有任何關於眞實狀態的涵意。即使我們接受「自然事件的連結與發生順序有其規律」這個站不住腳的教條，人的感官功能不足與容易犯錯的事實，也使我們不得認爲任何後驗的知識具有確定性。人必須默認前述這個事態。從一個和宇宙史現階段的人心理解方式根本不同的超人智能高高在上的觀點看來，事情的「眞相」是什麼或可能是什麼，對我們凡人來說是不可捉摸的。

然而，前述這個極端的懷疑論，和行爲學的知識毫無關係。行爲學也是從先驗的範疇出發，藉由演繹的推理來展開論述。不過，懷疑論所提出來反對先驗範疇和先驗推理之確實性的那些理由，對行爲學並不適用。因爲正如必須再次強調的，行爲學所要闡明與解釋的事實，和人心的邏輯結構是同一類的。人心產生人的思想，也產生人的行爲。人的行爲和人的思想出自同一來源，所以就這個意思來說，它們是同源同種的。行爲結構中，沒有人心不能予以充分解釋的東西。就這個意思來說，行爲學提供確定的知識。

在宇宙史現階段生存於地球的人，也許有一天會消失。但，只要有智人這一類人種，就會有行爲學當作先驗範疇加以研究的人的行爲。就這個限定的意思來說，行爲學提供關於未來情況的精確知識。

在人的行爲領域，所有確定的數量，都僅僅指涉歷史，也就是，除了指涉產生這些數量的那個特殊歷史情境外，並沒有任何其他意義的知識內涵。所有一般性的知識，也就是說，所有不僅適用於過去某一情境，而且只要相關情境的行爲邏輯結構相同，也適用於任何過去以及未來情境的知識，都是根據行爲的先驗範疇推演而來的演繹性知識。這種知識，嚴正指涉任何過去所發生的以及將來會發生的行爲事實。它提供關於眞實行爲的精確知識。

第三節　未來的不確定性

按照孔德（Auguste Comte）一句常被引述的格言，科學——自然科學——求知的目的，是爲了預測將來會發生什麼事。科學的預測，只要涉及人行爲的效果，都不是絕對的，也就是說都有附帶條件。它說：如果A，則B。但，對於是否出現A，它什麼也沒說。如果某人吃了氰化鉀，他就會死。但，他是否會吞下這種毒物，科學無法確定。

行爲學的預測，在適用範圍內，是絕對確定的。但，對於行爲人的價值判斷，以及將如何決定行爲，行爲學不會告訴我們任何訊息。關於價值判斷，我們所能知道的一切，都具有人的行爲歷史科學特有的「了解」性質。對於我們自己或他人未來的價值判斷，以及人們將來會採取什麼手段調整行爲以便適應新的價值判斷，我們不可能事先知道現在的相關預料是否正確。

未來的這種不確定性，是人的處境的一個主要特徵。它在生命與行爲的一切表現上，都留下了印記。

人，受到一些他無法掌控的力量與權力的擺布。他所以行爲，是希望盡可能擺脫他認爲將會傷害他自己的東西。但，他充其量只可能在狹窄的範圍內得遂所願。而且他永遠不可能預先知道，他現在的行爲將在何種程度內達到所追求的目的，以及如果達到了，該行爲在事後——從他自己的角度，或其他人的角度——看來，是不是在他開始行動的那一刻，可供他選擇的方案中最好的一個選項。

以自然科學的成就爲基礎的科技，要在一定範圍內控制一切事情；這一定範圍當然只涵蓋很小一部分決定人之命運的事情。自然科學指導的行爲範圍，儘管會因自然科學的進步而傾向擴大，但永遠不可能控制超出某一狹窄範圍的可能事故。而且即使在這狹窄範圍內，也不會有絕對的確定性。科技所欲追求的結果，可能會因爲一些尚未被充分理解或人力無法掌控的力量的介入，而遭到阻撓。應用科學的工程技術，不會徹底消除人生命中的偶然因素；它只稍微限縮偶然因素影響的範圍。相對於人有限的知識來說，永遠會存在一個看似純粹由機遇主導，使生命好比賭博的行動範圍。人和他的事功，總是暴露在不可預見和不可控制的事故影響下。他不得不盼望好運氣眷顧，讓他免受意外事故的打擊。即使是蠢人也不會不知道，他們的幸福最終仰賴某些力量的運作，這些力量超越人的智慧、知識、先見和準備。相對於這些力量來說，人的一切綢繆規劃都是徒勞。當宗教說天命深不可測而跪求禱告時，它心裡想的就是前述這個事實。

第四節　行爲和歷史中的量化和了解

人心，在回顧過去或籌劃未來時，所關切的許多資料，能以數目來表達。其他相關的量，則僅能以非數學語言的文字來表述。對於這種量，人的行爲科學特有的「了解」，可以說，是不可能進行測量的情況下一種替代的辦法。

歷史學家，以及行爲人，便是就這個意思在講不同的事件和行爲，對於其他事件或一定事態的產生，會有什麼不同的影響份量。他們就這個意思區別比較重要和比較不重要的事件與事實，以及區別比較重要和比較不重要的人物。

這種類似定量的事實評估判斷，難免有錯。在規劃行爲時，如果發生這種誤判，往往極其有害。投機行爲，如果是以某個虛幻的未來情況預期爲基礎，勢必會失敗。即使投機行爲在「定性」方面是正確的，也就是，即使所預期的情況眞的出現，但，如果在「定量」方面是錯誤的，也就是，對於各種效果大小或效果出現的時機快慢的預期出錯，那麼，投機便可能導致災難。就是這一點使政治家和商人的長期投機特別危險。

第五節　人情世事的預測不可靠

對於將來可能或一定發生什麼，人的預測，可能是對的，也可能是錯的。但，他對未來事件的預測，不會影響自然界的發展過程。人的預期，無論是什麼，自然界都將自行其是，不受人的任何期待、慾望、心願和希望的影響。

但，在人的行爲產生作用的領域，情況就和前述不同了。某個預測也許最後證明是錯的，只因爲它促使人們成功採取了意在避免所預測的事件發生的步驟。人們所以聆聽預言家的意見或和預言家商量，往往是因爲他們希望把某些——按照預言家的預言——將發生在他們身上，不利於他們的事情避免掉。另一方面，如果預言家向他們保證的未來結果符合他們的願望，他們可能以兩種方式對這種預言做出反應。他們可能因爲信賴預言而變得懶惰，以致疏於執行那些若要產生所預言的結果就必須執行的工作。或者，他們可能因爲充滿信心而加倍努力，以期達到所要的結果。在這兩種可能的情形下，預言的內涵都有改變事態走向的能力，使事態偏離——在沒有某個據稱權威的預言下——原本進行的路線。

我們也許可以拿商情預測來說明這一點。如果人們在五月間聽說，目前景氣暴漲的情形將繼續好幾個月，直到十二月才會以暴跌告終，那麼，他們就會嘗試盡快——無論如何要在十二月到來之前——賣出手上的東西。於是，目前景氣暴漲的情形，就會在所預測的日子之前結束。

第六節　經濟預測和趨勢教條

經濟學能預測一定的經濟政策措施可望產生什麼效果。它能回答一項政策是否能達成想要達到的目的，以及如果答案是否定的，該項政策的眞正效果又是什麼。但，這種預測當然只可能是「定性的」，而不可能是「定量的」，因爲相關因素和效果之間並不存在固定的屬量關係。經濟學的實際價值，就在於這個清楚限定的預測能力——「定性的」預測經濟措施的後果。

那些由於經濟學的先驗性質而拒絕經濟科學的人，包括各歷史主義學派和各制度主義學派的能手，從他們自己的認識論觀點，應該不准對任何經濟政策可望產生的效果發表任何意見。他們甚至不可能知道一定的措施，過去一旦執行，究竟產生了什麼後果。因爲過去所發生的事情，總是許多因素共同作用的結果，而問題中的措施不過是最終結果所以出現的許多因素之一罷了。但，即使這些能手足夠大膽，乃至斷言過去的某一措施曾產生某一效果，他們——從他們自己的原則來講——也沒有任何理由認爲：同一措施將來也會產生同一效果。歷史主義者和制度主義學派，如果要保持本身條理一貫，就應該避免對任何措施或政策的效果——這效果必然是未來的——發表任何意見。他們必須把他們的學說限縮爲經濟史的論述（至於如果拒絕經濟學的先驗理論，又將如何研究經濟史的問題，我們這裡可以略過不談）。

然而，一般民眾所以對稱作經濟研究的東西感興趣，完全是因爲覺得可能從中學到一些方法，用來達成某些目的。那些選修「經濟學」教授所開課程的學生，以及那些任命「經濟顧問」的政府，都企盼取得關於未來，而不是關於過去的資訊。但，這些專家所能提供的，如果保持忠於他們自己的認識論原則，都僅僅指涉過去。

爲了安撫他們的顧客——政治家、商人和學生——這些學者想出了「趨勢」這個點子。他們認爲，在最近的過去——通常不恰當的稱爲**現在**——流行的趨勢，在未來也將繼續流行。如果他們覺得**現在**的趨勢是不好的，他們就會建議一些措施去改變它。如果他們覺得**現在**的趨勢是好的，往往就會直接宣稱它是不可避免和不可抵抗的；他們不會去考慮歷史上出現的趨勢是可能改變的，而事實上，過去出現的趨勢也的確時常，或者更正確的說，終歸改變，甚至**現在**的趨勢在最近的未來便可能改變。

第七節　做決策

在科學研究和科學術語方面，也有流行時尚的現象。

行爲學稱爲選擇（choosing）的事情，就涉及手段選擇的部分而言，如今流行稱爲「做決策」（decision-making）。這個新詞的用意，是要轉移注意力，要人們別在乎眞正要緊的，並非僅僅做出一個選擇，而是做出最佳的選擇。最佳選擇的意思是：在滿足某一比較不迫切希望達到的目的之前，必須保證滿足該目的，不致妨礙滿足其他比較迫切希望達到的目的。就市場經濟裡追求利潤的企業所指揮的生產過程而言，借助於「經濟計算」這個思考工具，可以盡可能做成前述意義的最佳選擇。在一個自給自足，完全封閉的社會主義體系裡，由於不可能進行「經濟計算」，所以各種生產手段如何運用的決策程序，簡直就是賭博。

第八節　確認和駁倒

在自然科學方面，一切理論只有符合實驗所確立的事實，才能保持。這種符合的情況，直到不久前，一般視爲（相關理論獲得）「確認」。一九三五年，波普爾（Karl Popper）在*Logik und Forschung*[3]一書中指出，事實不能「確認」理論；事實只可能「駁倒」理論。因此，比較正確的說法應該是：一個理論，如果遭到經驗資料駁倒，就不能保持。經驗就這樣限制科學家建構理論時的自由想像。如果實驗顯示某個假說不符合已確立的經驗事實，該假說就須拋棄。

很明顯的，所有前述考量，和人的行爲科學所處理的問題，沒有任何關係。在

[3] 這本書現在也有英文版，*The Logic of Scientific Discovery* (New York, 1959)。

人的行爲科學領域，沒有所謂實驗確立的事實。在這個領域裡，所有經驗，正如必須一再強調的，都是歷史經驗，亦即，都是關於複雜現象的經驗。從這種經驗引申出來的東西，絕不可能具有自然科學稱爲「經驗事實」的邏輯特性。

如果接受邏輯實證論的術語，尤其也接受波普爾的術語，那麼，一個理論或假說倘若原則上不能被經驗駁倒，便是「非科學的」。因此，所有的先驗理論，包括數學和行爲學，都是「非科學的」。這顯然只是咬文嚼字的詭辯。任何正經的人都不會浪費時間討論這種用詞問題。行爲學和經濟學都將保有它們對人生與行爲的重大意義，不管人們把它們歸到哪一類，或怎樣形容它們。

自然科學在我們這種文明社會裡所享有的聲望與威信，當然不是建立在它們的定理迄今未被駁倒這個純消極的條件上。除了實驗室的實驗結果，還有這個事實：機器和所有其他按照科學教導而建造的器具，都按照我們根據同一教導所預期的方式運轉。電動馬達和引擎的生產與運轉，給它們所根據的電學理論，提供一個確認。坐在一間有電燈照明，有電話機聲響，有電風扇吹涼，以及有吸塵器打掃乾淨的房間裡，不管是哲學家，還是一般俗人，都不得不承認：電學理論，除了迄今尚未被某次實驗駁倒外，一定還有其他值得稱道的意義吧！

第九節　行爲學理論之檢討

研究認識論的學者，若是從分析自然科學的方法開始他的苦心研究，並且由於埋頭苦幹而看不見任何自然科學以外的東西，那麼，他告訴我們的將只是：自然科學就是自然科學，而不是自然科學的東西，當然就不是自然科學。關於人的行爲科學，他什麼都不知道，所以對於人的行爲科學，他的一切意見都無足輕重。

沒錯，行爲學的理論，不僅實驗不能駁倒，而且也不可能因成功用於建造各種實用的器具而獲得確認。但，這些事實並非實證論者的一個發現，而恰恰是我們這裡所處理問題的一部分。

實證論者的教條隱含：自然界與事實，於提供「紀錄句」所紀錄的感官資料之際，把它們自己的故事寫在宛如白紙的人心上。他們在講理論的可確認性（verifiability）和可駁倒性（refutability）時所提到的那種經驗，他們認爲和人心的邏輯結構沒有任何倚賴關係。這種經驗，據說提供一個忠於事實的形象。另一方面，他們認爲人的理性（reason）是武斷的，所以很容易犯錯而誤解了事實。

前述這個教條，不僅沒考慮到我們的感官對相關對象的掌握（apprehension）

可能出錯；它也沒意識到感知（perception）不僅僅是感官對相關對象的掌握，更是人心所完成的一種理性動作。就這一點而言，聯想心理學（associationism）和完形心理學（Gestalt psychology）的看法並無不同。沒有理由認爲，和人心在描述它自己的各種程序時所完成的操作相比，人心在「察覺某一外在事物」這個動作上所完成的操作，是一種更爲高尚的理性操作。

事實上，對人心來說，最爲確定無疑的，莫過於「人的行爲」這個先驗範疇所凸顯出來的諸多命題了。譬如，沒有哪一個人會對下面這種意圖感到陌生：意圖藉由適當的舉措，使某個事態能取代另一個如果他自己不加以干預就會出現的事態。只有在見到行爲時，才會見到人。

對於我們自己和他人的行爲，我們所知的一切，都基於我們熟悉「行爲」這個根本範疇，而這種熟悉則來自於自省和內省，以及設身處地嘗試了解他人的舉措。要質疑這個見解，不見得比質疑我們事實上活著更可能辦到。

如果有人想攻擊行爲學的某個定理，那麼，他就必須一步一步回溯該定理，直到在導致該定理的那一連串推理的某個環節，他能揭露某個邏輯上的錯誤。但，如果從這個演繹回溯的過程，直到最終的行爲範疇，都沒發現任何錯誤的推理環節，相關定理就被充分確認了。那些未曾以這種方式檢討行爲學定理就率爾予以拒絕的實證論者，其愚蠢的程度，並不遜於十七世紀那些不肯使用望遠鏡來驗證伽利略所言正確，而他們自己錯了的天文學家。

第五章　經濟學的範圍與方法：一些流行的錯誤

如今在多數大學裡以「經濟學」這個叫人誤會的名稱傳授的那一門學科，毛病並不在於任課的老師和教科書的撰寫者若非正牌商人就是經商失敗，而在於他們不懂經濟學，以及欠缺邏輯思考的能力。

第一節　蒐集與分析資料的研究神話

關於經濟學家在進行研究時所使用，或應使用的一些方法，流行的見解是由一個錯誤的信念塑造出來的，該信念認爲自然科學的方法也適用於研究人的行爲。這則迷思獲得一般人錯將經濟史當成經濟學的習慣用語支持。一個歷史學者，不管他所處理的是所謂的通史或經濟史，必須研究與分析一些找得到的紀錄。他必須著手蒐集與分析資料。就認識論和方法論的觀點而言，歷史學者的資料蒐集與分析活動，和物理學者或生物學者顯然不同，不過，以同一名稱——蒐集與分析資料——稱呼所有他們的研究活動，並無不可。蒐集與分析資料不僅花時間，而且多少也得花錢。

但，經濟學並不是歷史。經濟學是行爲學的一個分支，而行爲學則是關於人的行爲的一個先驗理論。經濟學家的理論，並非建立在歷史資料的蒐集與分析上，而是建立在像邏輯學家或數學家那樣的理論思考上。歷史，和所有其他科學一樣，雖然是經濟學家的理論思考背景，但歷史並不直接影響經濟學家的理論思考。反而是經濟史需要靠經濟學發展出來的理論加以解釋。

所以如此的理由，正如已經指出的，很明顯。歷史學家分析歷史資料，絕不可能導出關於因果的定理。歷史經驗並不是實驗室條件控制下的單純經驗，而是複雜現象的經驗，是許多不同力量共同作用的結果。

這說明爲什麼下面這個主張是錯的：「甚至演繹性質的經濟學，也是從觀察事實，獲得據以推理的最終前提。」[1]我們能「觀察」到的，永遠只是複雜的現象。經濟史、觀察或經驗，能告訴我們的，都是像這樣的事實：過去某一期間內，礦工J在X公司位於Y村的煤礦坑，每天工作n小時，賺得p塊錢。蒐集與彙整這種和類似資料，絕不可能導出任何關於什麼因素決定工資率高低的理論。

現在有許多據稱在做經濟研究的機構，他們蒐集各式各樣的資料，以某種任意武斷的方式評論這些資料所涉及的種種事件，甚至有夠大膽的，根據這種關於過去事件的知識，預測未來的景氣與商情。他們把預測未來當成主要目標，把蒐集到的一系列資料稱作「工具」。他們把精心規劃一些方案供政府作爲決策參考，視爲最值得尊敬的使命，渴望扮演某種「經濟總參謀本部」角色，協助某一最高統帥機構

[1] John Neville Keynes, *The Scope and Method of Political Economy* (London, 1891), p. 165.

總理國家經濟事物。他們和自然科學研究機構一同競爭政府和學術基金的補助，把他們的辦公室稱作「實驗室」，把他們的工作方法稱作「實驗的」方法。他們的努力，從某些觀點來看，也許值得稱道，但那不是經濟學，而是最近過去的經濟史。

第二節 動機的研究

輿論現在仍然因古典經濟學未處理好價值問題而一團混亂。古典經濟學家由於沒辦法解決表面的價值矛盾，以致未能把連鎖的市場交易過程回溯到消費者身上，反而被迫從商人的行爲開始進行他們的推論；對商人來說，買方的價值判斷是既定的事實。作爲服務大眾的販子，商人的行爲可以很貼切的用下面這個準則來形容：在價格最低的市場買進，在價格最高的市場賣出。這個行爲準則的下半部，指涉買方的行爲；買方的價值判斷，決定買方爲相關商品準備支付多高或多低的價格。但，對於做出這些價值判斷的過程，該準則完全沒觸及；那些價值判斷，被該準則視爲給定的資料。如果接受這個過分簡化的行爲準則，那麼，要區分商業操作的行爲（通常誤稱爲經濟或理性的行爲）和其他非商業考量所決定的行爲（通常誤稱爲非經濟或非理性的行爲），無疑是可能的。但，這個分類辦法如果用在消費者行爲上，就顯荒唐了。

如此這般和其他類似爲行爲分類的嘗試所造成的傷害，是使經濟學和現實脫節。經濟學的任務，就古典經濟學家的許多追隨者的著述所示，不是要處理實際發生哪些事情，而只是要處理一些以某種未清楚標明的方式對相關事情的發生有所貢獻的因素。在這些追隨者筆下，經濟學的目標，不在於解釋市場價格如何形成，而在於描述某種東西，該東西和其他因素一起在市場價格形成過程中扮演某一未清楚說明的角色。於是，他們的經濟學並不處理眞正活著的人，而只處理某種幽靈——「經濟人」——一種和眞正的人根本不同的怪物。

一旦有人質問「經濟人」和眞正的人有何不同，這種學說的荒謬性便顯而易見。「經濟人」被認爲是一個徹頭徹尾自私自利的人，而且無所不知，貪得無厭，一心只想累積愈來愈多的財富。但，究竟是某個「自私自利的」買者因爲想享受所購買的東西而購買，或是某個「利他的」買者因爲其他某些理由——譬如，爲了捐贈給某個慈善機構——而購買，對於市場價格的決定來說，是不會有什麼不同影響的。對市場價格的決定，同樣不會有不同影響的是：消費者在購買時，對於相關商品效用所持的見解，在不相干的旁觀者看來，是否正確。消費者所以購買，是因爲他認爲：取得相關商品，比持有相關貨幣或把相關貨幣花在其他東西上，更讓他覺得滿足。不管他的目的是不是要累積財富，他總是想要把他擁有的東西用在將使他獲得最大滿足的目的上。

人所以行爲，動機只有一個，那就是：盡可能的，直接或間接，去除所感覺到的不適。人，在追求這個目標的過程中，難免受到人所具有的一切弱點和缺點的影響。然而決定實際事態發展——包括價格的形成和所有其他通常稱作經濟事件，乃至所有其他歷史現象——的因素，就是一些容易犯錯的人他們的態度，以及他們難免執行出錯的行爲所產生的效果。現代邊際效用經濟學的分析觀點，比古典經濟學高明的地方，就在於充分注意到前述這樣的情況。邊際效用經濟學並不處理某種虛擬的人——和眞實的人根本不同的人——的行爲，而是處理所有在分工下參與社會合作者的選擇。

許多批評者說，經濟學假設每一個人的一切行爲，都表現出十足的「理性」，都像在股票市場買進賣出的投機者那樣，只想獲取最高可能的利益。但，眞實的人，他們斷言，是不同的。他們說，眞實的人，除了能以金錢表示的物質利益外，還會追求其他一些目的。

這個流行的見解包含一大堆謬論和誤解。股票市場上的作手，只有一個行爲動機：增加自己的財產。但，完全相同的意圖也驅使其他人的牟利活動。農夫想按所能獲得的最高價格賣出他的農產，而賺取工資者則渴望按可能獲得的最高價格賣出他的工作效力。沒錯，商品或服務的賣者，在比較買家所提出的交易條件時，不僅會考慮獲得多少金錢報酬，也會考慮所有涉及的其他利益。但，這個事實和前面對他的行爲所做的描述，完全沒有牴觸。

人們的行爲想要達到的具體目的，彼此差異很大，並且不斷改變。但，所有行爲永遠只接受一個動機的促發，那就是，想要以行爲人認爲比較適合自己的某一事態，取代另一個他覺得如果不作爲就會出現的事態。

第三節　理論與實際

一個流行的意見，認爲經濟學是關於商業交易的科學。它認爲，經濟學之於商人的活動，就好比學校裡教的和書本上寫的應用科學（或科技學）之於技師、工程師和工匠的活動。商人是實際做事的人，而經濟學家則是從旁吆喝，光說不練的人。因此，對於經濟學所處理的問題，商人以其作爲實踐者的身分，比從外部觀察商場情況的理論家，有更爲堅實可靠的知識和內部消息。理論家若想知道商場的一些眞實情況，他所能選擇的最佳求知途徑，就是聽聽實際在商場做事的人怎麼說。

然而，經濟學並不是特別討論商業情況的科學；經濟學處理所有市場現象，以及這種現象的一切面向，而不是單僅處理商人的活動。消費者——也就是每一個人——的行爲，和其他任何人的行爲一樣，也是經濟學研究的課題。任何商人，以其作爲商人的身分，在產生市場現象的過程中，不會比其他任何人關係更爲密切或涉入更深。相對於所研究的對象，經濟學家所處的位置，不應該比作科技書籍的撰寫者相對於實務工程師或工人的位置，而應該比作試圖描述生命機能的生物學家相對於生物——包括人類——的位置。並非眼力最佳者就是眼科專家，眼科醫師才是，即使他們是近視眼。

歷史上，有一些商人曾對經濟理論做出顯著的貢獻，其中最著名的是李嘉圖（David Ricardo）。但，也有其他一些傑出的經濟學家「只不過」是理論家。如今在多數大學裡以「經濟學」這個叫人誤會的名稱傳授的那一門學科，毛病並不在於任課老師和教科書撰寫者若非正牌商人就是經商失敗，而在於他們不懂經濟學，以及欠缺邏輯思考的能力。

經濟學家——像生物學家和心理學家那樣——處理一些出現在每一個人身上並且發生作用的東西。這使得他的工作，有別於民族學家若想紀錄某個原始部落的風俗習慣就須執行的那種工作。經濟學家無須挪動他自己的身軀；儘管遭到不少人譏笑，經濟學家的確能夠，像邏輯學家和數學家那樣，窩在有扶手的大靠背椅上完成工作。使他有別於其他人的，並非他有什麼祕密機會得以處理他人接觸不到的特殊資料，而是他看待事物的方式，以及他從中發現他人沒注意到的一些面向。這正是Philip Wicksteed，當他從哥德的《浮士德》選出下面這段話作為他的巨著的標語時，心裡所想的：任誰都過著人生，但認識人生者有幾人！

第四節　概念實體化的陷阱

最不利於清晰思考的惡習，是概念實體化的心思傾向，也就是，傾向將一些構想或概念視為實體或真實存在的東西。

在人的行爲科學方面，這種謬誤最顯著的例子，是各個僞科學學派使用「社會」一詞的方式。如果將「社會」一詞用來表示，爲了達到一定目的而共同努力的某些人之間的合作，那是不會有什麼妨害的。構成所謂社會或「大社會」的元素，正是相關人等個別行爲的某個面向。但，社會本身既不是一個實體，也不是一股什麼力量，更不是一個行爲的存在。唯獨個人有行爲。人們個別的許多行爲當中，有一些是著眼於與他人合作的。人與人的合作，導致「社會」這個概念所描述的事態。社會並不存在於人的思想與行爲之外。社會沒有什麼「利益」要關切，也沒有什麼目的想達成。這也同樣適用於所有其他集體名詞或概念。

概念實體化，並非只是認知上的一個謬誤，也並非只會把求知的努力導入歧途。在各種所謂社會科學中，概念實體化往往以主張集體本身比個人更爲高貴，或主張唯有集體眞實存在，而否認個人存在，稱個人只不過是一個抽象概念等等，來爲某些政治抱負提供服務。

對於各種集體主義所建構的集體概念，集體主義者自己的評價彼此不同。他們聲稱某一集體比其他集體更爲眞實也更爲高貴，甚至否認他人所認同的集體主義建構眞實存在與價值。譬如，民族主義者認爲「民族」是唯一眞正的集體，也是所有他們視為同族的人唯一應效忠的對象，並且汙蔑其他一切集體，例如宗教團體，並將其視為次要集體。然而，認識論無須處理這裡所隱含的政治紛爭。

我們固然否認集體有獨立存在的本體，但，這並不表示我們否認人與人的合作所導致的各種效果的眞實性。我們只是確立一個事實：集體藉由人們的思想與行為而形成，當人們採取不同的思想與行為方式時，原來的集體便消失。個人的思想與行為，並非僅對某個集體的形成，而是對許多不同集體的形成，同時起作用。例如：一個人的各種態度，可能同時適合形成國家、宗教社團、政黨等集體。另一方面，某人可能在不完全中斷他是某一集體成員的身分下，偶爾甚或經常在某方面的行為上，採取一種和該身分並不相容的方式。例如，最近在許多國家就發生過這種情形：一些候選人雖然公開反對天主教教會的政治理想，並且輕蔑天主教教義，視為神話予以排斥，卻獲得虔誠守戒的天主教徒投票支持。歷史學家在處理各種集體時必須注意，各種合作意念對於集體成員的思想與行為，究竟影響到什麼程度。例如，在處理義大利統一運動的歷史時，他必須審察「義大利民族國」意念和「世俗教皇國」意念，分別對他所研究的特定個人與團體的態度，究竟產生什麼樣的影響，以及影響到什麼程度。

德國當時的政治情況和意識型態，導致馬克思在宣布他的生產手段國有化（nationalization）方案時，使用「社會」一詞代替「國家」（*Staat*）——德語的Staat，意思等於英語的Nation。社會主義者的宣傳，賦予「社會」和形容詞「社會的」神聖的光環；目前所謂「社會工作」（social work）——也就是，救濟品的管理與分發，以及類似活動——所享有的那種類似對宗教信仰的尊重，就是這個光環的餘暈。

第五節　論排斥方法論的個人主義

關於人的行爲，若要斷言任何合理的命題，就不能不指涉各個行爲人想達到什麼目的，以及他們認爲什麼是成功或失敗，什麼是利潤或損失。研究人們個別的行爲，便能知道關於行爲所能知道的一切，因爲除了人，這宇宙沒有其他任何東西或生物，由於對如果沒有它們的干預就會出現的事態感到不滿，而想要以行爲來改善所處環境的情況。在研究行爲當中，我們意識到人的能力，以及這種能力的界限。人並非無所不能，他絕不可能達到完全而永久滿足的狀態。他所能做到的，只是藉由適當手段，用不滿的程度較小的狀態，替代不滿的程度較大的狀態。

我們從研究人們個別的行爲，也獲知各種集體和社會的一切。因爲，集體除了存在於人們個別的行爲當中，沒有任何眞實的本體存在。某一集體所以形成，是因爲某些意念促使某些人以作爲該集體成員的身分而行爲，但是，當這些意念的說服力消退時，該集體便不復存在。認識集體的唯一方法，就是分析成員的行爲。

對於爲什麼要拒絕方法論的集體主義神話，而採取方法論的個人主義，行爲學和經濟學已經做了充分說明[2]，這裡無須再畫蛇添足。甚至支持集體主義最爲狂熱的學者，當他們自以爲在處理集體行爲時，其實也是在處理人們的個別行爲。如統計所紀錄的，並不是某集體發生了什麼事情，而是構成集體的人們發生了什麼事情。某人是否爲某一集體的成員，判定標準是個人的一定特徵。在講到某社會團體時，首先必須確定的，是根據哪些清楚定義的特徵，可以合理的把某個人算作或不算作該團體的成員。

這也同樣適用於那些看似由「實質性事實」而非「只是意識型態因素」所構成

[2] 特別參見Mises, *Human Action*, pp. 41-44 and 145-153，以及*Theory and History*, pp. 250 ff。

的集體，例如，源自同一祖先或居住在同一地域的人群。同一種族的成員或同一地方的居民，他們彼此之間的合作，並不「自然」會，也不「必然」會，比他們和其他種族成員或其他地方居民的合作更爲密切。種族團結和種族仇恨，和其他任何意念一樣，都是意念，都是意識型態的成分，而且也只有當它們爲人們所接受時，才會導致與之相應的行爲。原始部落的野蠻人所以結合成爲一個行爲的單位——一個社會——也是因爲它的成員心裡充滿「忠於部落是他們得以照顧自己的正當辦法，甚至是唯一辦法」這樣的念頭使然。沒錯，這個原始的意識型態歷經數千年而沒遭到嚴正駁斥。但，一個意識型態再怎麼長期支配人心，也改變不了它的行爲邏輯特性。[3]其他意識型態也曾經久不衰，例如，君主制政體。

如果拒絕方法論的個人主義，那就隱含接受這樣的假設：一些無法分析與描述的神祕力量，指導人的行爲反應。如果我們意識到，促動行爲的因素是一些意念，

[3] 譯注：意識型態的行為邏輯特性，係指意識型態影響行為的手段選擇，換言之，意識型態大多無關終極價值或目的，所以並非不受理性檢驗或撼動。請參閱Mises, *Human Action*, pp. 177-187。

那就不能不承認這些意念起源於某些人的心中，然後傳遞給其他人。但，這時我們便已經接受了方法論的個人主義的根本主張，也就是：人們心中的意念，決定他們的集體忠誠。於是，集體便不再像是一個按照自己的意思而主動行爲的實體。

一切人與人之間的關係，都衍生自一些意念和這些意念所指導的行爲。專制君主所以能遂行專制統治，是因爲他的臣民選擇寧可服從他，而不公開抵抗他。奴隸主所以能對待他的奴隸宛如牲畜，是因爲奴隸漫不經心的屈服於他的淫威。我們這個時代，父母、老師和神職人員的權威所以減弱，甚至有完全消失之虞，也是因爲意識型態改變所致。

哲學的個人主義向來遭到集體主義眾多先驅可嘆的誤解。在他們看來，眞正兩難的選擇題是：個人所關切的自身利益，是否該排在某個任意選定的集體利益之前？然而，個人主義和集體主義在認識論方面的爭議，和前述這個純政治議題，並沒有直接關係。個人主義，作爲對人的行爲進行哲學、行爲學和歷史的分析時所秉持的方法上的原則，意味確認如下這些事實：一切行爲都能回溯到個人身上，而任何科學方法都絕不可能成功確定，那些可以用自然科學方法加以描述的外在事件，如何在人心產生一定的意念、價值判斷和意志。就這個意思來說，一切關於人的行爲的研究，不能分解爲各種成分的個人，既是研究的起點，也是最終給定的事實。

集體主義者的方法，是一種擬人化的謬誤，因爲它簡直理所當然的認爲：一切關於個人行爲的概念，都適用於集體行爲。它沒看出，所有集體都是人們以一定方式行爲的結果；所有集體都是決定人們如何行爲的那些意念的衍生物。

第六節　總體（或宏觀）經濟學的方法

有一些撰述者自以爲他們對市場經濟的分析，已經以一種整體的、社會的、全面的、制度面的、或總體（或宏觀）的方法，取代了他們所輕蔑視爲僞方法的個人主義方法，然而他們其實是自己騙自己，也欺騙了他們的信眾。因爲，所有關於行爲的推論，都必須處理價值判斷和追求一定目的的議題——因爲沒有不以某些目的爲導向的行爲。要分析一個社會主義體系裡會出現什麼情況，是可能的；在這種體系裡，只有一個最高的獨裁者決定一切活動，而其他人都抹去自己的個性，把自己變成只是該獨裁者手中的行爲工具。就分析完全封閉的社會主義體系而言，也許只須考慮最高獨裁者的價值判斷和行爲就夠了。但，如果我們所要處理的社會體系裡，有一個以上追求一定目的的人在指揮或影響行爲，那就不可避免須把行爲所產生的效果，回溯到不能再進一步分析的那一點，也就是，回溯到人們的價值判斷與他們所追求的目的。

總體（或宏觀）經濟學的方法，把某個任意選定的市場經濟部分（通常選定某一國家），視爲一個宛如一體的單位。其實，這部分市場經濟裡所發生的一切，都是人們個別的行爲，以及人們協調一致的團體行爲。但，總體（或宏觀）經濟學卻把所有行爲，當成某一總體經濟量和另一總體經濟量相互作用的結果來推論。

總體（或宏觀）經濟學相對於個體（或微觀）經濟學這種學術名詞的區別，是從現代物理學裡「微觀量級物理學」和「莫耳量級物理學」的術語區別借用過來的。在現代物理學裡，「微觀量級物理學」處理原子質量級的系統，而「莫耳量級物理學」則處理人的遲鈍感官可以察覺到的那個質量級的系統。前述的物理學術語區別，隱含的意思是：在理想的情況下，只須掌握微觀物理的法則，便足以處理物理學領域裡全部的議題，莫耳量級的物理法則只是爲了方便處理某一特殊，但時常出現的問題，將微觀物理的法則加以改編而得到的法則。簡言之，莫耳量級的物理法則就像是微觀物理法則的濃縮刪節版。[4]因此，就眞實現象的研究而言，從宏觀物理學演化到微觀物理學，被認爲是方法上的一個進步——從一個比較不好的方法，進步到一個比較好的方法。

將總體（或宏觀）經濟學相對於個體（或微觀）經濟學的區別，引進到經濟學術語裡的那些撰述者，心裡想的恰恰和前述物理學的情況相反。這些撰述者的學說，隱含個體（或微觀）經濟學是一個比較不好的經濟問題研究方法，而以總體（或宏觀）經濟學取代個體（或微觀）經濟學，則等於是藉由採取一個比較好的方法，來消除一個比較不好的方法。

總體經濟學者如果在推論中用到市場上個別的買者和賣者所決定的價格，就是在自欺欺人。一個邏輯一致的總體經濟研究法，必須避免提到價格與貨幣。市場經濟是許多個人於其中行爲的一個社會體系。人們的價值判斷，以市場價格形式呈現，決定一切生產活動的方向。如果有人想要以某個整體系統的印象取代市場經濟的眞實，他就必須拒絕提到任何價格。

---

[4] A. Eddington, *The Philosophy of Physical Science* (New York and Cambridge, 1939), pp. 28 ff.

且讓我們藉由分析總體經濟研究中最爲流行的一個研究方案——所謂國民所得分析——爲例，來說明該研究方法諸多謬誤的一個角落。

所得，是營利事業會計方法的一個概念。商人服務消費者，以便賺得利潤。他記帳，以便確定這個目標是否達成。他（資本家或投資者等本身不參與企業實際經營的人，以及農夫和一切不動產的擁有者當然也一樣）比較兩個不同時間點所有投資於相關事業之財貨的貨幣當量，於是得知在兩個時間點當中所有買賣交易的結果。從這樣的計算中，出現利潤或虧損的概念，以及和這概念相對的資本概念。如果這種會計所指涉的營利事業單位的業主把所獲致的利潤稱爲「所得」，他的意思便是：如果我把它全部用於消費，投資於事業單位的資本將不會因此而減少。

現代稅法稱爲「所得」的東西，不僅包括會計師視爲營利事業利潤而相關業主則視爲企業營運所得的數字，還包括自由業人士的淨收入和受雇者的薪資。在全國範圍內，把會計意義的所得和僅僅是稅法意義的所得全部加在一起，便得到稱爲「國民所得」的數字。

這個國民所得概念的糊塗性質，不僅表現在它對於貨幣單位購買力的倚賴——通貨供給愈是膨脹，則國民所得愈是升高。但在貨幣和信用媒介供給沒增加的經濟體系裡，漸進的資本累積，以及資本累積所產生的科技生產方法進步，會導致商品價格逐步下降，也就是說，會導致貨幣單位購買力逐步上升。供應消費的商品數量逐步增加，而平均的生活水準則跟著改善。在國民所得統計裡，卻看不到這些變化。

這個國民所得概念，完全湮沒市場經濟裡眞實的生產情況。它隱含：並非人們的活動，而是人們活動之上和之外的某個東西，導致了商品供給數量增加（或減少）。這個神祕的東西首先產生了某個稱作「國民所得」的量，然後在眾人間「分配」該量。這個所謂國民所得分析法的政治意圖很明顯。該分析法可以用來批評國民所得「分配」現行的「不平等」，用來禁止人們討論國民所得所以上升或下降的原因，從而要人們相信：不同的人對於國民所得這個總量所以產生的貢獻與成就，並無大小與高低的差別。

如果有人問：究竟是什麼因素使國民所得上升？唯一的答案是：一方面由於生產活動所使用的設備、工具和機器改善了，而另一方面，也由於爲了改善人們的需求滿足狀況，生產設備的利用效率提高了。前者是儲蓄與資本累積的效果，而後者則是應用科學技巧和企業家活動的效果。如果把（非通貨膨脹所產生的）國民所得增加稱爲經濟進步，那就不得不確認這個事實：經濟進步是儲蓄者、投資者和企業家努力的成果。對國民所得的分析，如果是公正客觀的，那首先就必須指出，稱作國民所得的那個量得以出現的過程中，人人的貢獻顯然並不相等。這公正客觀的分析還須進一步指出，每人平均使用的資本增加，以及科技和企業家活動效率的改善——如何經由提高勞動的邊際生產力，從而提高工資率，以及提高自然資源所獲給付的租用價格——也使一些本身對各種經濟情況改善和「國民所得」上升沒有貢獻的人獲得好處。

「國民所得」（national income）分析法，是一個失敗的嘗試，它妄圖提供一個理由，支持馬克思的說法：在資本主義制度下，財貨被「社會」生產出來（gesellschaftlich），然後被某些人「占爲己有」。該分析法顚倒事實。其實，生產是人與人合作活動的過程。過程中，每一個合作者都獲得他的同胞——作爲買者，彼此在市場上競爭——願意支付給他的報酬。即使爲了方便進行論證，我們承認，把每一個人的貢獻所獲給付的價格全部加起來所得到的數字，可以稱爲國民總所得。但，如果就因此而下結論說，這個總所得是由「國家」（nation）生產出來的，並且——忽略人們個別的貢獻其實互不相等——抱怨該總所得所謂分配不平等，那就是毫無意義的廢話。

沒有任何非政治的理由，要求必須在某個「國家」範圍內，而不得在範圍比較大，或比較小的某個集體內，把所有人民的所得加起來。爲什麼要計算美國的國民所得，而不是計算紐約州的「州所得」，或威斯特徹斯特郡（Westchester）的「郡所得」，或白原（White Plains）自治市的「市所得」？一切能提出來支持美國「國民所得」，而摒棄任何較小區域單位所得的理由，也都能用來支持美洲大陸各國加在一起的「洲所得」，甚至「全世界所得」，而摒棄美國國民所得。唯因心懷一定的政治意圖，所以採用美國作爲個人所得加總的單位才貌似合理。選擇支持國民所得概念的人，對於美國境內——或另一個主權國境內——他們所認爲的個人所得不平等，感到很不滿意，從而想要使自己國內公民的所得變得更爲平等。但，他們既不贊成全世界範圍內個人所得變得更平等，也不贊成組成美國的各州或州以下的行政單位轄區內個人所得變得更平等。你可以同意，也可以不同意他們的政治目的。但，無論如何，你都不應否認：總體經濟學的國民所得概念，只是一個毫無認知價值的政治標語。

第七節　眞實人生與遊戲

生存環境的自然條件，促使人的非人祖先必須拚命的彼此攻擊直到你死我活。攻擊他人的衝動，根深蒂固在人的動物性裡。自然的生存資源稀少，不足以讓所有生下來的人都得以存活，以致人本能的想要消滅所有和他競爭搶奪資源的人。只有強壯的動物，才有機會存活。

人和野獸不同的地方，就在於社會的合作取代了致命的敵對。天生攻擊他人的本能遭到壓制，免得它破壞共同保存生命，共同滿足人的特有需求而讓生命更美好的努力。人爲了安撫遭到抑制，但沒完全撲滅的暴力衝動，於是採用戰舞和競賽等手段來宣泄。曾經是極其嚴肅的敵對場合，現在以嬉戲重現，作爲一種娛樂。競賽看似戰鬥，其實只是一種表演。競賽者的一切動作，都接受競賽規則的嚴格節制。競賽獲勝的意義，不在於消滅對手，而在於達到競賽規則宣布爲成功的情況。各種競賽並非眞實人生，而只是遊戲。它們被文明人當作出口用來宣泄根深蒂固的敵對本能。當競賽結束，勝利者和失敗者握手言歡，回歸他們的社會生活現實，也就是合作而非戰鬥。

有人把社會合作與文明人的經濟努力，當作是一種戰鬥，或戰鬥的一種嬉戲複製版——一種競賽。幾乎不會有什麼見解比這更爲根本誤解社會合作與經濟努力的本質。在社會合作當中，每一個人，於增進自己的利益之際，也同時增進同胞的利益。「改善自己的處境」這個動機，驅使他去改善他人的處境；他爲了自利而利人。烘焙師爲一些人烘焙麵包，他並沒傷害他們；他爲他們服務。如果烘焙師停止生產麵包，而醫師也不再照顧病人，所有人都會遭到傷害。鞋匠供應鞋子給顧客，這不是他爲了打敗他們而採取的「策略」。市場上的競爭，絕不可以和各種動植物之間殘酷的生物性競爭相提並論，或和不幸尚未完全文明開化的國家之間仍在進行的戰爭相混淆。市場上的交換性競爭，旨在給每一個人，於社會生產體系內，分派一個適合的任務，讓他得以爲所有同胞提供他所能執行的最有價值的服務。

向來總是有一些人，情緒上不適合想像與理解任務分工體系下的合作原則。我們可以應用情理學（thymology）的方法，嘗試了解他們的道德弱點。花錢買了任何商品，都會縮減買者對他也希望得到的其他商品的購買能力，儘管他認爲採購其他這些商品，不如他所實際採購的那個商品來得重要或急迫。他從購買能力縮減的觀點，把他的任何採購視爲一個障礙，阻止他進一步滿足其他某些需求。如果他沒花錢購買A，或者他花比較少的錢就買到了A，他便有能力得到B。這樣的想法，對心胸狹窄的人來說，只消進一步便可得到如下的推論：正是A的賣者迫使他放棄B。他在賣者身上看到的，不是讓他滿足某個需要的人，而是阻止他滿足其他需要的人。天寒地凍促使他爲火爐購買燃料，從而縮減了他能用來購買其他東西的資金。但，他既不怪罪壞天氣，也不怪罪自己渴望房間溫暖；他把矛頭對準煤炭商。在他看來，就是這個壞人利用他的窘境而乘機發財。

就是這般想法讓某些人得出如下的結論：商人的利潤來自於同胞的需要與困苦。按照這個想法，醫生得以謀生，靠的是病人生病，而不是靠醫治病人的病。眾多麵包店得以興旺，靠的是人們的飢餓，而不是靠提供人們手段去安撫飢餓。除非犧牲他人的利益，否則誰也不能得利；某個人所得到的利益，必然是另一個人的損失。在某項交易完成後，只有賣者的處境變好，而買者的處境則變差。買賣交易，藉由傷害買者，讓賣者受益。重商主義的教條，無論新舊，總是說，對外貿易的好處盡在商品的輸出，而不在輸出的商品所購買的進口品。[5]

[5] Mises, *Human Action*, pp. 660 ff.

從這個謬論的觀點看來，商人天天挖空心思，盡想如何傷害一般民眾。他的商業技巧是策略，好比要盡可能禍害敵人的計謀。他所計謀毀滅的對手，包括他的潛在顧客，以及他的競爭者——這些人就像他自己，也準備對一般民眾發動襲擊。如果要對交易活動和市場過程進行科學研究，最適當的方法，就是分析人們參與競賽時所採取的動作和策略。[6]

在每一個競賽場合，有一定獎金落入勝利者的口袋。如果這獎金是由第三者提供，則失敗者只是兩手空空的離開。如果這獎金是由參賽者出資湊齊，則失敗者便喪失他們所投注的資金而由勝利者獲得。在競賽場合，一定有贏家和輸家。但，每一筆交易總是對雙方都有利。若非買者和賣者都認爲該筆交易是他們在當時的情況下所能選擇的最有利行爲，他們便不可能達成交易。[7]

---

[6] J. v. Neumann and O. Morgenstern, *Theory of Games and Economic Behavior* (Princeton University Press, 1944); R. Duncan Luce and H. Raiffa, *Games and Decisions* (New York, 1957); 以及其他許多相關書籍與論文。

[7] Mises, *Human Action*, pp. 661 ff.

沒錯，買賣和參加競賽一樣，都是理性的行爲。但，人的其他一切行爲也都是理性的。科學家在做研究時，兇手在計劃罪行時，公職候選人在競選拉票時，法官在尋求公正的判決時，傳教士在企圖使異教徒改信時，教師在教導學生時，全都理性的行爲。

競賽是一種消遣，一種使用個人閒暇和排遣無聊的手段。它涉及一些支出，並且純屬消費行爲。但，買賣是手段，是增加財貨供應數量，以便維持生活，並使生活更爲愜意的唯一手段。一切競賽，除了帶給參賽者和觀眾樂趣之外，對於改善人的處境不會有任何貢獻。[8]把競賽和交易活動的成就相提並論，是一種錯誤。

人，因爲要爭取改善生存條件，而不得不行爲。行爲，需要事先計劃，以及決定哪一個計劃最爲有利。但，交易行爲的特徵，並不在於要求行爲人無論如何須做出某個決定，也就是說，不在於決策本身，而在於它以改善生活情況爲目的。競賽是嬉戲、運動和玩鬧；交易買賣是生活與現實。

[8] 專為娛樂觀眾而安排的競賽，不是真正的競賽，而是演藝事業。

第八節　對思潮變化的誤解

對於某個學說或該學說所引起的行爲，如果只宣稱它是從時代精神，或從行爲者個人的環境或所處區域的環境產生出來的，那並不算是眞正的解釋，而只是在強調：某個意念，在同一時間與同一思想氛圍內，和他人所懷抱的其他意念一致。所謂時代精神，或某一集體成員共同的精神，或某一思想氛圍的精神，恰恰是在相關人等之間流行的學說或思想。

使某個環境的思想氛圍產生變化的意念，是一些從前未曾聽說過的意念。就這些意念而言，除了說它們來自某一個人的心思，絕不會有其他解釋。

一個新的意念，是它的發明人在面對自然環境的挑戰，或面對他人從前發展出來的一些意念的挑戰時，所提出的一個答案。歷史學家在回顧思想史——以及過去的思想所引起的行爲——時，也許會在思想更迭的過程中發現一定的趨勢，從而也許會說：「就邏輯的觀點而言」，先前的意念使後來的意念不得不出現。然而，這種事後之明的哲學，完全沒有任何理性論證的基礎。它傾向貶低天才——思想史的英雄——的貢獻，把天才的作品視爲歷史的形勢使然。這種想法只有在某種歷史哲學的架構中才有意義；這種歷史哲學自以爲知道上帝或某一超人的力量（諸如馬克思思想體系裡的物質生產力），藉由引導一切人的行爲，想要完成某個不爲人知的計劃。從這種哲學的觀點看來，所有的人都是嚴格按照造物主指定的方式做出反應的傀儡。

第九節　對思想萬能的信仰

關於社會合作，現在流行的諸多意念共同的一個特徵，就是信仰佛洛伊德（Freud）所說的「人的思想萬能」（die Allmacht des Gedankens）。[9]在自然科學研究領域，除了精神病患者和神經病患者，當然沒人懷抱過這種信仰。但，在社會事件領域，這種信仰卻是根深蒂固，屹立不搖。它是從「多數的意見錯不了」這個學說發展出來的。

歐洲啓蒙運動時期的諸多政治學說，根本要點是以議會政治取代君主專

---

[9] Freud, *Totem und Tabu* (Vienna, 1913), pp. 79 ff.

制。在十九世紀西班牙的憲政衝突中，擁護議會政治的一方反抗斐迪南七世（Bourbon Ferdinand VII）對專制統治的熱望，憲政的支持者被稱爲自由主義者（Liberals），而國王的支持者則被稱爲奴性者（Serviles）。很快，自由主義一詞便風行全歐洲。

議會政治（也稱爲民治或民主政治），是由多數人民選出官員來統治的政治制度。一些政治煽動家戮力爲議會政治辯護，以欣喜若狂的胡言亂語，吹噓多數人民擁有超自然的靈感。然而，如果以爲十九世紀歐洲和美洲的自由主義者之所以支持議會政治，是因爲他們相信普通人——從而相信多數人——具有不會犯錯的智慧，完美無缺的道德，與生俱來的正義感和其他各種美德等等，那將是嚴重的誤會。自由主義者希望保障所有國家人民的繁榮興盛，以及物質面與精神面的幸福得以順利演進。他們想要消滅貧窮與困苦，爲了達到這些目標，他們擁護不僅有利於各國國內所有公民和平合作，也擁護有利於國際和平的制度。他們把戰爭，不管是對內戰爭（革命）或對外戰爭，視爲嚴重擾亂人類生活往比較好的方向持續進步的因素。他們清楚意識到，市場經濟——現代文明的主要基礎——需要和平合作，而一旦人們以相互爭鬥代替彼此交換商品與服務，現代文明的基礎就會轟然粉碎。

另一方面，自由主義者也很了解，統治者的權力所倚賴的，終究不是物質的力量，而是人們的意念。正如休謨（David Hume）在他著名的論文〈論統治的第一原理〉（On the First Principle of Government）裡所言，統治者永遠是屬於少數方的人。統治者的權威，以及命令絕大多數受統治者服從的權力，源自受統治者認爲，忠於他們的長官，遵守長官的命令，是他們用來增進自身利益的最佳手段。如果這種見解消失，多數人民遲早會挺身起來反抗。革命——內戰——將移除不受歡迎的統治制度和不受歡迎的統治者，取而代之以多數人民認爲對增進自身利益比較有利的另一種制度和另一批官員。爲了避免暴力革命擾亂和平，以及各種有害的後果，也爲了保障經濟體系和平運作，自由主義者主張多數統治的代議政治。這個政治設計，使和平改變公共事務的安排成爲可能。它不僅使解決國內紛爭，毋須訴諸武力和流血的手段，而且這種方式也一樣適用於解決國際紛爭。當每一塊領土都能由人民投票，決定它是否該成爲一個獨立的國家，或成爲某個較大國家的一部分時，將不再有征服更多省分的戰爭。[10]

---

[10] 若要建立永久和平，第一個條件，當然是自由放任的資本主義原則須獲得普遍採納。關於

十九世紀的自由主義者在主張多數統治時，對於許多人，乃至多數人的知識水準與道德修養，並沒懷抱任何錯覺或妄想。他們知道，所有人都可能犯錯，而且多數人民也可能受到不負責任的煽動家所傳播的錯誤思想蠱惑，而支持帶來災難的政策，甚至完全摧毀人類文明。但，他們也同樣知道，沒有任何想像得到的統治方法能夠防止這樣的災難。如果屬於少數的開明人士，儘管能夠想出健全的政治治理原則，卻沒能成功贏得多數同胞的支持，使多數同胞贊同帶來並保持繁榮的政策，那麼，人類與文明的前途便不再有什麼希望。要確保人間世事的發展比較祥和吉利，除了使普通民眾接受精英的意念之外，別無他法。而要普通民眾接受精英的意念，又必須以說服來達成。不以勸說開導使他們信服，而以暴力打壓使他們屈服的專制手段，是成不了事的。因爲，長期而言，多數民眾的意念，不管多麼有害，終將貫徹。人類的未來，有賴於社會精英扭轉輿論，朝正確的方向發展。

這些自由主義者既不相信有什麼人不會犯錯，也不相信屬於多數方的民眾不會

這個問題，請參考Mises, *Human Action*, pp. 680 ff.，和Mises, *Omnipotent Government* (New Haven: Yale University Press, 1944), pp. 89 ff。

犯錯。如果他們對於未來保持樂觀，那是因爲他們還期待優秀的知識分子，能說服多數民眾贊同各種有益的政策。

過去一百餘年的歷史並未滿足這種期待。也許，從君主和貴族專制轉變爲民主政治，來得太過突然。無論如何，成爲事實的是：那種認爲普通人知識優越與美德無缺，從而認爲多數民眾錯不了的學說，已變成「進步的」政治宣傳的基本信條。這個基本信條更進一步的邏輯發展，產生了一個信念：在社會的政治和經濟組織方面，多數方所設計的任何方案都行得通，並帶來美好的結果。人們不再問干預主義或社會主義是否能帶來支持者所期待的效果。人們認爲，只要多數選民確實要求它們實施，那就無可辯駁的證明它們行得通，並且必然會導致所預期的各種利益。對於「某項措施是否能產生想要的結果」這樣的問題，政治人物不再感興趣。對他來說，唯一重要的問題是：多數選民究竟是贊成，還是反對該項措施？[三]只有極少數人注意到，「只不過是理論」的文章針對社會主義問題有什麼發現，以及社會主義在俄國和其他一些國家的「實驗」經驗究竟是怎麼一回事。幾乎所有這個時代的人

[三] 這種心態的一個徵候，是政治人物對民意調查的重視。

都堅定相信，社會主義將把我們這個人間變成天堂。我們可以把這信念稱作一廂情願的妄想，或對思想萬能的信仰。

然而，判別眞理的標準，是眞理照樣運作，即使沒人願意承認它是眞理。

第十節　完美政府體系的概念

「社會工程師」是某種特別的社會改革者，他準備把所有不適合納入他的世事安排計劃的人全部予以「肅清」。但，還是有一些歷史學家，有時候甚至一些他所處死的受害者，並不反感爲他開脫，爲他的大屠殺或他所計劃的大屠殺，尋找一些卸責的理由；他們往往指出，他所以做出那些駭人的行爲，終究是因爲受到某一崇高心願的驅使：他想爲人類建立完美的國家。他們把他視爲自古以來許多烏托邦的發想者之一。

現在如果還以這個方式，爲史達林和希特勒等虐待狂流氓團夥的大屠殺開脫卸責，肯定是愚蠢至極。但，歷史上許多血腥的「肅清者」，無疑是受到某些意念的引導，而這些意念自古以來就屢屢鼓舞一些哲學家醉心沉思完美政體的課題。這一類哲學家，一旦完成一個據稱理想的政體設計，便想尋找某個可以鎮壓所有異議者的反抗，從而把該理想落實的人。柏拉圖就是這樣渴望找到一個古希臘霸王願意使用專制權力，將他的理想國落實。至於其他人究竟喜不喜歡他爲他們準備的命運？這個問題柏拉圖從來就沒想過。對他來說，有一點是無庸置疑的：唯有變成哲學家的國王，或變成國王的哲學家，才有資格行爲，而所有其他人都不可以有自己的意志，都必須服從哲學家國王，或國王哲學家的命令。一個哲學家如果堅信自己絕無錯誤，那麼，在他看來，所有異議者必然只是冥頑不靈的叛逆；否則怎麼會一味反抗有益於他們的改革？

歷史——特別是過去兩百餘年的歷史——所提供的經驗，並未撼動人們對於行專制以救世並肅清異議者的信仰。我們當代有許多人堅信，若要使一切人間世事變得完全愜意，就須殘暴鎮壓所有「壞人」，也就是意見和他們不同的人。他們夢想某個完美的政府體系，而且他們認爲，若不是這些「壞人」愚蠢且自私，一直阻撓該體系的建立，他們的夢想肯定早已實現了。

現代有一個據稱科學的社會改革學派，反對這些暴力手段，而把目前人間世事所有的缺失，歸咎於所謂「政治科學」據稱的失敗。他們說，自然科學在過去幾個世紀已有了長足進步，而科技現在幾乎每月提供我們新穎的消費器具，要使生活變得更爲愜意。但，「政治一直沒有進步」，因爲「政治科學停滯不前」。[12]政治科學應該採用自然科學的方法；政治科學不該再虛擲光陰於僅僅冥思遐想，而應該研究「事實」。因爲，就像自然科學那樣，「先要有事實，才會有理論」。[13]

對於人類處境的每一個面向，幾乎不會有比前述看法更爲可悲的誤解了。如果僅針對該看法所涉及的認識論問題，那我們必須說：當今稱爲「政治科學」的學科，其實是一門歷史學，它處理政治制度史，兼及歷史上眾多論述政治制度並草擬相關改革計劃的著作，所呈現的政治思想演變。它是歷史，而正如前面已經指出的，因爲是歷史，所以它絕不可能提供實驗的自然科學稱作「事實」的那種「事實」。誰也無須敦促政治科學家，去蒐集所有發生於遙遠的過去直到最近的歷史事實（發生於最近的歷史事實，常被誤稱爲「現在的經驗」[14]）。因爲，在這方面，

---

[12] N. C. Parkinson, *The Evolution of Political Thought* (Boston, 1958), p. 306.

[13] 見前引著作，p. 309。

[14] 見前引著作，p. 314。

其實不會有人比他們做得更好。至於吩咐他們應該「以實驗檢測」[15]這些歷史資料所導出的結論，那就荒唐了。這裡如果還須再說一次「人的行爲科學不可能做任何實驗」，就未免有點多餘了。

大概只有愚蠢的人才會蓋棺論定的斷言：研究政治組織的科學，永遠不可能發展出，以行爲邏輯爲本的先驗學說，所以目前純爲歷史學科的政治科學，將來也絕不會有一門理論性的科學和它作伴。目前我們只能說：誰也不知道如何著手建構這樣一門理論性科學。但，即使這樣的行爲學新部門有一天居然出現，對於處理哲學家與政治家，從過去到現在一直渴望解決的問題，它也不會有任何用處。

有一句老生常談的自明之理說：人的每一個行爲都必須，而實際上也是，依據它的結果加以評判。對於這個原則的肯定，福音書的教義，和時常遭到嚴重誤解的功利主義哲學的意思，並無不同。但，關鍵是人們對於結果的評價，彼此差異極大。有些人認爲是好的或最佳的結果，時常遭到其他人激烈排斥，認爲壞透了。烏托邦的空想者並不想告訴我們，什麼樣的世事安排肯定最使他們的同胞感到滿足。

【15】見前引著作，p. 314。

他們只是不憚其煩的述說，其他人處在什麼樣的情況，他們會覺得最爲滿足。這是根本不同的兩回事。但，對於這一點，不管是他們，或是努力要將他們的空想付諸實施的執行者，從來就沒想到。蘇維埃的獨裁者和他們的扈從認爲，只要他們自己覺得滿足，蘇俄的一切便都是美好的。

但，即使爲了方便論證而擱置這個議題不談，我們在此也必須強調，完美政府體系是錯誤的概念，是自相矛盾的。

人之所以躍升至高於其他一切動物，乃是由於認識到，要保存生命並去除所感覺到的不適，若是和縱身於殘酷的生物性競爭，在稀少的自然資源中奪取一份僅夠生存的材料相比，在分工的原則下進行和平的合作，無疑是一個更好的方法。多虧這個見識，所以在所有生物當中，只有人才會有意的以社會合作，取代哲學家所謂的自然狀態、或所有人對所有人的戰爭（bellum omnium contra omnes）、或叢林法則橫行的狀態。然而，由於人性使然，若要維持和平，就必須做好準備，以便調動暴力擊退任何侵略，不管是來自國內流氓團夥，或來自國外敵人的侵略。因此，如果沒有一個社會機構來執行強制與脅迫，也就是說如果沒有政府，和平的人際合作——繁榮與文明的前提——便不可能存在。暴力、搶劫和謀殺等惡行，只有某個特殊機構才能防止，而該機構於必要時，本身所採取的那些手段，正是人們透過它想要防止的行爲。於是，出現非法使用暴力與合法使用暴力的區別。由於認識到這個事實，所以有些人說政府是一種惡，儘管他們承認它是一種必要之惡。然而，需要用來達成某個所追求的目的，並且被認爲有利的東西，並不是一種道德意義上所謂的惡，而是一個手段，是爲了達到目的而需支付的代價。然而，事實仍舊是：同樣的行爲，如果是由「未獲授權的」人做出的，會被當作非常討厭的犯罪行爲，但如果是由「有關當局」做出的，就會得到贊同。

政府，作爲抵抗侵略與維持和平的手段，不僅不是一種惡，反而是最有必要也最爲有益的機構，因爲如果沒有它，就不會有持久的社會合作，從而也就不可能發展與保存文明。它是一個必要的手段，用來處理許多人——也許是全人類的大多數——固有的某種缺陷。如果所有人都能意識到，放棄和平的社會合作，就等於放棄人所以有別於猛獸的一切，而且如果所有人都具有必要的道德毅力，永遠在行爲上體現前述見識，就無須建立任何社會機構來執行強制與脅迫。國家並非是一種惡，而是人心和人性的某些缺點，非要有一股治安保衛的力量予以處理不可。政府和國家絕不可能完美，因爲它們所以存在，正是由於人的不完美，而且除非訴諸暴力，否則不可能達成它們的目的——消除人性固有的暴力衝動，但它們的手段本身，又是之所以需要它們來防止的暴力。

把使用暴力手段的權威，託付給某一個人或某一個團夥，是一個利害參半的權宜辦法。它所隱含的誘惑，對實際的人性來說，太難抗拒了。理應保護人民免於暴力侵略的人，很容易變成最危險的侵略者。他們逾越他們的授權，濫用他們的權力，壓迫他們受託保護免於壓迫的人。主要的政治治理問題，正是如何防止治安保衛的力量變成肆虐人民的力量。這是一切爭取自由的奮鬥，意義之所在。西方文明之有別於宛如遭到禁錮的東方文明，根本的特徵就在於，西方文明重視個人免於國家箝制之自由。西方文明的歷史，從古希臘城邦時代直到現今對社會主義的抵抗，基本上就是反抗政府官員侵害個人自由的奮鬥史。

有一派思想膚淺的社會哲學家——無政府主義者——建議某種無政府的人類組織方式，以此凸顯他們選擇忽視前述的政治治理問題。他們完全忽略人類事實上並非絕對善良的天使。他們太過愚蠢，以至於意識不到，短期內某一個人或某一夥人無疑能夠增進他們自己的利益，儘管必須以犧牲自己和其他所有人長期的利益爲代價。一個社會，如果沒做好準備，以便在面對這種反社會和短視的侵略者攻擊時出手阻撓，那麼，它將無依無靠，任由智能最爲低下而性格最爲凶殘的社會成員予取予求。柏拉圖把他的理想國寄託在，希望會有一小群智慧完美而道德無暇的哲學家，掌握至高的權位來治理國事；而無政府主義者則主張，所有人將具備完美的智慧和無暇的道德。他們都未能理解，對任何個人或任何團夥而言，短期利益與長期利益之間的衝突，是一切社會合作制度都消除不了的兩難問題。

人的天性中，以暴力把他人打到屈服的返祖傾向，清楚表現在社會主義大受歡迎的程度上。社會主義是一種極權主義。在社會主義體制下，只有獨裁者或少數獨裁者所組成的委員會，才受命得以行爲；其他人將被剝奪一切自由，不得選擇自己的目的或追求所選擇的目的；反對者將遭到肅清。每一個社會主義者在贊同這種安排時，都暗中假定，獨裁者或受託管理生產活動和一切政府職能者，他們的所作所爲將完全符合他自己的價值判斷。當他將國家——如果他是一位正統的馬克思主義者，他就會稱它爲社會——神格化並賦予它無限的權力時，他就是在將自己神格化，並且就是想要以暴力鎮壓所有和他意見相左的人。社會主義者看不出任何政治治理的問題，因爲他只在乎自己的滿足，而且沒考慮到社會主義下政府的實際作爲，有可能完全背離他的理想。

「政治科學家」倒是沒有這些使無政府主義者和社會主義者的事實判斷遭到嚴重損傷的錯覺和自欺。但，因爲忙於研究卷帙浩繁的歷史資料，他們變得專注於細節，專注於政治場景中，檯面上人物所展現的，數不清的猜忌、嫉妒、野心和貪婪等等，小雞肚腸的事例。他們把一切曾經的政治制度失敗，歸因於人們在知識與德行方面的不足。在他們看來，這些制度所以失敗，是因爲它們的美好運作，需要人們具備一定的知識與德行品質，而實際上這些品質只是例外的存在。他們從這個觀點出發，努力草擬一些方案，希望據以建立某種宛如能自動運作，不會被人們的無能與敗德拖累的政治體制。他們說，理想的政體應該確保公共事務的治理毫無瑕疵，不管統治者和人民是否腐敗與無能。那些竭力尋找這樣一個法律體系的人，並不像烏托邦撰述者那樣沉溺於幻覺，也就是說，他們並未誤以爲所有的人，或至少某一少數精英，道德無瑕又有能力。他們自己以解決問題的務實態度爲榮。但，他們從來沒提起的眞正問題是：被人性固有的一切缺點所腐敗的人們，怎麼可能接受勸導，而自願順從一個將會阻止他們發洩各種奇怪念頭的制度？

然而，這個據稱務實的問題解決觀點，主要缺陷並非只有前述這一點。它的主要缺陷在於：誤以爲政府——一個根本職能在於使用暴力的機構——的運作，能夠遵循不由分說的道德原則，對訴諸暴力的行爲一概加以譴責。政府的本質就是把人打到順從、關押和殺死。這一點人們也許很容易忘記，因爲守法的公民溫馴的服從有關當局的命令以免受罰。但，法律專家就比較務實，他們稱沒有附帶懲罰規定的法律爲不完整的法律。人造法則的權威，完全來自強制人民服從法則規定的保安官員手中的武器。關於這種政府行爲的必要性與有益性，說再多也消除或緩和不了監獄裡形容逐漸枯槁者的痛苦。一個機構如果根本的職責在於施加痛苦，那麼，無論如何加以改革，都不可能使它的運轉變得完全令人滿意。

沒錯，人們一直未能發現任何完美的政府體系。但，這個失敗的責任，不該由所謂政治科學的落後來承擔。如果人是完美的，就不需要任何政府了。而由於人是不完美的，也就不存在能夠完美運作的政府體系。

人最顯著的特徵，在於他有能力選擇目的，並採取手段以達到所選擇的目的；而政府的活動則旨在限制人們自由裁量的能力。每個人都想避免使他自己感到痛苦的原因，而政府的活動終究在於施加痛苦。人一切偉大的成就，向來是人自動自發努力的結果；而政府則以強制取代自動自發的行爲。沒錯，政府是不可或缺的，因爲人並非完美無瑕。但，政府被設計來應付人性不完美的某些面向，它絕不可能完美。

第十一節　行爲科學

有一股以「行爲科學」（The Behavioral Sciences）自稱的學術新風潮，據說要以科學的方法處理人的行爲。[16]他們排斥行爲學與經濟學的方法，認爲那是「非科學的」或「理性主義的」。另一方面，他們蔑視歷史，說它遭到古董癖（antiquarianism）的汙染，對於改善人類處境沒有任何實用價值。他們許諾，他們這種據稱嶄新的學科，將對人的行爲的每一個面向加以研究，從而提供對改善人類命運的努力，有極大幫助的寶貴知識。

這些新科學的代表性人物並不想知道，他們自己其實就是歷史學者，而且也採用了研究歷史的方法。[17]他們有別於正規歷史學者的地方，往往——但並非總

[16] 我們絕不可以搞混這裡所討論的「行為科學」（behavioral sciences）和觸動主義（behaviorism）。關於後者，請參閱Mises, *Human Action*, p. 26，或中譯本《人的行為：經濟學專論》（台北五南圖書出版，二〇一三年），第六十二至六十四頁。

[17] 當然，這些學者中，有幾位處理醫藥和衛生方面的歷史問題。

是——在於他們所選擇的研究主題，像社會學家那樣，是最近過去的一些情況，以及從前大部分歷史學者習慣予以忽略的一些行爲面向。更爲引人矚目的，也許是他們的著述時常提出一定的政策建議，當作歷史的「教訓」，而這正是大多數正常的歷史學者早已拋棄的一種態度。但，這裡的正事，既不是針對這些書籍和文章所採用的方法加以批評，也不是針對它們的作者偶爾展露的那些相當幼稚的政治成見加以質疑。如果這些所謂「行爲科學」的著述還有什麼值得在此一提的特點，那就是它們忽略了歷史研究中一個最重要的認識論原則：影響份量原則（the principle of relevance）。

在自然科學實驗研究的領域，觀察到的每一件事都有足夠的影響份量，都值得紀錄下來。因爲，根據自然科學所有的研究工作一開始就必須要有的先驗假設，凡是要發生的事物，勢必都是先前存在的某件事物，按照某種規律運作的結果；每一件經過正確觀察與描述的事物，都是必須整合到相關理論體系裡的一個「事實」。任何經驗的敘述，對於整個知識體系，都不會沒有意義。因此，每一個研究計劃，如果誠實而精湛的執行，都應當視爲對人類的科學成果有所貢獻。

在各種歷史科學的領域，情形就不同了。這些科學處理人的各種具體行爲：什麼價值判斷實際激發哪些行爲，選來執行這些行爲的手段實際合用的程度如何，以及這些行爲實際產生哪些效果。這許多因素在事態發展過程中，都各自發揮作用。歷史學家的主要任務，便是對每一個因素作用的大小，盡可能正確認定。這個類似量化的工作，這個給每一個因素評定**影響份量**的工作，是歷史科學專用的了解方法（understanding）所要執行的一個任務。[18]

在最爲廣義的歷史領域，有許多形形色色的題目可以作爲研究主題，而這些題目之間存在著相當大的各種差異。拿「人的行爲表現」（the behavior of man）一詞，便想籠統的界定一門歷史學科的研究範圍，那是不成的，毫無意義的。人，想要達成無限多個不同的目的，也爲此採取衆多不同的手段。歷史學家（就這一點而言，行爲科學家也一樣）必須選取一個對人類的命運，從而也對擴大我們的知識，有影響份量的主題。他絕不可以把時間浪費在一些瑣碎的題目上。在選擇著作主題時，他也把自己歸類。有一類人書寫自由的歷史，另一類人則書寫紙牌遊戲的歷史。有一類人書寫但丁的傳記，而另一類人則書寫某家新潮大飯店的首席服務員的

---

[18] 請參閱本書第四章第四節。

傳記。[19]

由於有關人類過往的一些偉大的主題，都已經被傳統的歷史科學處理過了，所以留給各種行爲科學發揮的，是一些關於普通人的喜怒哀樂和犯罪的詳細研究。要蒐集最近關於這些和類似主題的材料，並不需要特別的知識或技巧。每一個大學生都能立即著手某個這種項目。有數不清的這種題目可以寫作博士論文，乃至作爲更厚重的專論著述的主題。這類著述處理非常瑣碎的主題，所花費的紙筆再怎麼多，對於豐富我們的知識也沒有任何價值可言。

這些所謂的行爲科學，亟需根據影響份量的原則，徹底重新調整研究方向。針對每一個主題，要寫一本大部頭著作，是可能的。但眞正的問題是，這樣一本著作所論述的東西，從理論或實務的觀點來說，是否算得上有影響份量？

---

[19] Karl Schriftgeisser, *Oscar of the Waldorf* (New York, 1943)，厚達兩百四十八頁。

第六章　由於忽視經濟思想而另外衍生出的一些問題

對人來說，遵守社會合作秩序之維持所必需的規則，其實是安全達到所有他想達到的目的的唯一手段。

第一節　以動物學的觀點研究人的問題

自然主義（Naturalism）打算以動物學處理所有其他生物的方式，來處理人的行爲問題。觸動主義（Behaviorism）想抹煞人的行爲和動物的反應表現之間的差別。這些想法中，特殊的人性——人有別於其他生物的特徵，也就是，有意識的追求所選擇的目標——沒有任何地位。它們忽視人心，並對目的因毫無概念。

從動物學觀點來看，人是一種動物。但，其他一切動物的情況和人的情況，有一根本差異。每一個生物，自然而然，都是其他每一個生物的死敵，尤其是同類所有其他成員的死敵。因爲大自然只提供稀少的生存資源，不容許所有生物個體存活，直到牠們享盡天年。這種不可調和的根本利益衝突，首先存在於同類生物所有成員間，因爲牠們倚賴相同的食物維生。大自然簡直是「血淋淋的尖牙利爪」。[1]

人，也是一種動物。但，他和其他動物不同，因爲靠著他的理性，他已經發現「在分工的原則下合作，會有較高的生產力」這個偉大的宇宙法則。人，如同亞里

[1] Tennyson, *In Memoriam*, LVI, iv.

斯多德所言，是社會的動物。但，人所以是「社會的」，並非因爲人具有動物的天性，而是因爲人特有的人性。對人類個體來說，和他在動物學上同屬一類的生物個體，並非殘酷的生物性競爭中反抗他的死敵，而是合作者或潛在的合作者，可以共同努力改善外在條件，以增進自己的幸福。正是這一道不可跨越的理性鴻溝，區隔開了人和其他沒有能力掌握社會合作意義的生物。

第二節　「社會科學」的觀點

人們習慣使用「社會」一詞，把社會的合作現象實體化。據說，某一神祕的超人力量創造了社會，並斷然要求每一個人犧牲他那小心眼的利己主義，以成全社會整體的利益。

以科學態度研究諸多和人相關的問題，肇始於對這個神話觀點的根本排斥。個人爲了和其他個人合作而放棄的東西，並非他自己那一份和某一幽靈社會的利益作對的個人利益。他放棄某個立即的好處，以便在後來某個時候收穫一個更大的好處。他的犧牲只是暫時的。他在自己的短期利益和長期利益間做選擇。古典經濟學家習慣把個人的長期利益，稱作個人「正確了解的」利益。

功利主義哲學並不把道德律視爲某個專橫的神明任意頒訂，要人必須遵守，不得加以質疑的行爲規則。對人來說，遵守社會合作秩序之維持所必需的規則，其實是安全達到所有他想達到的目的的唯一手段。

有些人徒勞地嘗試，從基督教教義的觀點，駁斥前述這個理性主義觀點的道德律解釋。根據基督教神學與哲學的根本教條，神賦予人以思考能力，就是創造了人心。由於上天的啓示和人的理性都是神力的顯現，它們兩者之間終究不可能不一致。神不會自相矛盾。哲學和神學的目標，就是要證明天啓和理性其實是和諧一致的。這就是基督教早期的神父哲學和歐洲中世紀的經院哲學，致力想要解答的問題。[2]大部分的這些思想家懷疑，人心如果沒得到天啓的幫助，是否能夠認識基督教教條的意義，特別是降生成人和三位一體的教義。但，對於人的理性在其他方面的能力，他們從未認眞質疑過。

啓蒙運動的社會哲學和古典經濟學家所傳授的功利主義學說，平常受到的惡意

[2] L. Rougier, *La Scolastique et le Thomisme* (Paris, 1925), pp. 36 ff., 84 ff., 102 ff.

攻擊，並非源自基督教神學，而是源自有神論、無神論和反對有神論的思想。這些攻擊者理所當然的認爲某些集體眞實存在；他們既不問這些集體如何出現，也不問它們所謂的「存在」是什麼意思。他們認爲，他們所中意的集體概念——人類（humanité）、種族、國家（nation，就這個字眼在英語和法語中被賦予的意思來說，相當於德語中的Staat）、民族（講同一種語言者全體）、（馬克思所謂的）社會階級等等——具有個別的行爲人所具備的一切屬性。他們堅持，這些集體的眞實性是直接感受得到的，而且它們存在於所屬成員個別的行爲之外與之上。他們認爲，道德律要求個人把「小心眼的」私人慾望和利益，擺在他「理當」歸屬，也理應絕對效忠的集體慾望和利益之後。任何人如果追求自己的利益，或選擇忠於某個「假」集體而不忠於「眞」集體，簡直就是一個冥頑不靈者。

集體主義的主要特徵，在於它不理睬個人的意志和道德自決的事實。在它的哲學觀點看來，每個人都是生而爲某個集體的一個成員，因此按照該集體的成員被期待的行爲方式而行爲，乃是一件極「自然」又合宜的事。至於被誰期待？當然是被一些掌權者所期待；這些掌權者，根據某個神祕力量的神祕命令，被託付以決定集體意志和指揮集體行爲的任務。

在歐洲舊制度（*ancien régime*）時期，前述的威權論是建立在某種神權統治的學說上。經過膏油禮儀式神聖化（anointed）的國王，蒙上帝的恩寵而統治；他受命於上帝。他是所統治領域的化身。「法蘭西」（France）既是國王的名稱，也是國家的名稱；國王的兒女是法蘭西的兒女（enfants de la France）。反抗王命的臣民，就是叛逆。

啓蒙運動的社會哲學，排斥前述的政治假說。它稱所有法國人爲祖國的兒女（enfants de la patrie）。在一切根本信仰和政治議題上，不該再強制全體一致。代議政府的政治制度——民主政治——承認人們對於政治議題的意見可能不同，而意見相同的那些人，事實上會彼此結交，形成各種黨派。只要執政的黨派，獲得多數人民的支持，便可統治國家。

集體主義的新威權論，把前述這個（俗話說見仁見智的）「相對主義」（relativism）汙蔑爲違反人性。它把集體視爲一個超乎任何個人利害考量之上的實體。人們是否自動自發同意整個集體的利害考量，是無關緊要的問題，反正同意是他們的責任。沒有黨派；只有集體。[3]所有人民在道德上，都應該服從集體的命令，如果不服從，就會被強迫屈服。這就是俄國的朱可夫元帥（Marshal Zhukov）所謂的「理想主義制度」，而與之相對的則是西方個人主義文明的「物質主義制度」，據說連美軍統帥也覺得「有點不想」保衛後面這種制度。[4]

各式各樣的「社會科學家」專心致力於宣揚集體主義的學說。對於否定個人存在，或證明人的邪惡本質這等不可能成功的任務，他們倒是沒有浪費任何筆墨。他們選擇乾脆忽視個人存在——把社會科學的任務，界定爲關心「作爲某一團體成員的個人活動」，[5]並且暗示如此界定的社會科學，涵蓋一切不屬於自然科學的東西。在他們看來，團體或集體眞實存在，是一個最終給定的事實。他們不想去探

[3] 就語源來說，「黨派」（party）一詞，來自和「整體」（whole）相對的「部分」（part）。一個沒有兄弟黨的黨，無異於整體，所以不是一個黨。「一黨制度」是俄國共產黨人發明的口號（而為他們的高足，義大利法西斯黨人和德國納粹黨人所模仿），用來遮掩「個人自由與表達不同意見的權利」遭到廢除的事實。

[4] 關於這一則軼聞，請參見W. F. Buckley, *Up from Liberalism* (New York, 1959), pp. 164-168。

[5] E. R. A. Seligman, "What Are the Social Sciences?" *Encyclopedia of the Social Sciences*, I, 3.

究，到底是哪些因素促使人們彼此合作，從而產生所謂某團體或集體的現象。對他們來說，集體就像生命或人心那樣，是一個原始現象，也就是說，科學無法把任何集體的起源追溯到其他某個現象的運作。所以，社會科學對於怎麼可能有許多不同的集體同時存在，以及同一人怎麼可能同時是不同集體的成員，茫然不得其解。

第三節　經濟學的觀點

經濟學或交換學——人的行爲科學中迄今唯一獲得詳細與深入論述的理論部門——把各種集體視爲人與人合作所形成的現象。人們認爲他們所追求的目的透過合作能更容易達成，或者唯有合作才能達成，所以在合作中彼此往來結交，從而產生各種稱作團體或集體的現象，或產生稱作「人的社會」的現象。

集體化或社會化的典型是市場經濟，而集體行爲的根本原理，就是服務的互相交換（do ut des）。個人給他人東西或服務於他人，以便獲得他人的禮物或服務作爲報償。他給出某種自己比較不看重的東西，以便獲得他在交換當下認爲比較有價值的東西。他所以交易——他所以買或所以賣——是因爲他認爲，這是他在當下所能進行的最有利益的事情。

前述對於「人們交換商品與服務」究竟是怎麼一回事的認識與理解，一向因爲社會科學扭曲了所有相關術語的意思，而變得模糊不清。在社會科學的術語裡，「社會」一詞不是指人們爲了改善處境，而以彼此合作取代孤立的個別努力所導致的結果，而是指某個神話般的集體眞實存在，並且會有一群統治者代表該集體，負責「照顧」所有其他同胞。社會科學還順著前述這個意思，使用「社會的」這個形容詞，以及「社會化」這個名詞。

人們之間友好的合作——社會——可以基於自動自發的協調，或基於命令與服從；以享利・薩姆奈・梅因（Henry Sumner Maine）的用語來說，就是基於契約（contract），或基於身分（status）。在契約社會下，個人自動把自己整合到社會結構中；而在身分社會的結構中，個人的地位和功能——他的職責——則由執行強制與脅迫的社會機構的掌權者來指定。在契約社會裡，這個機構——政府或國家——只爲了蕩平企圖顚覆互相交換服務體系的暴力或陰謀奸計時，才出面干預；而在身分社會裡，該機構則以各種命令和禁令維持整個體系的運作。

市場經濟並不是某個偉大人物設計出來的；它並不是起先由某人當作某種理想

的方案來設計，然後付諸實施。人們自動自發的行爲——不爲別的目的，只爲改善自己的滿足狀態——逐漸削弱強制性的身分社會體系的威望。然後，當經濟自由的優越效率再也無可置疑時，相關的社會哲學才進入歷史舞台，把身分社會體系的意識型態拆除。前資本主義社會秩序的擁護者所掌握的政治主權，最後經由內戰而廢除。市場經濟本身並不是暴力行爲——革命——的一個產物，而是一連串和平漸進演變的結果。「工業革命」一詞的意涵，完全是誤導性的。

第四節　關於法律術語的一點意見

在政治領域，前資本主義的統治方法遭到暴力推翻，導致封建時期的公法概念被全盤拋棄，並且發展出一個嶄新的憲法學說和一些前所未聞的法律概念與術語（只有在英國，由於政治制度的變革是經過一系列和平演變而完成的——王權獨尊的統治體制，首先轉變成地主特權階級的世襲統治制度，然後又轉變爲成年公民擁有選舉權的代議政府制度[6]——舊制度的術語才大部分保存下來，儘管該術語的原始意義實際上早已完全不適用）。在民法領域，從前資本主義過渡到資本主義的情況，歷經很長的一連串小幅度的變革，而且每一步變革還得透過一些沒有權力正式改革傳統法律制度與概念的民眾所提出的訴訟案件。一些新的商業方法，產生一些新的法律規定，而這些規定則是從稍早的一些商業習俗與慣例發展出來。但，不管這些新的商業方法如何根本改變了傳統法律制度的本質和意義，還是有人認為，目前還在使用的舊法律術語和概念，仍繼續表示和它們過去所表示的相同的社會與經濟情況。傳統術語的保留，使一些膚淺的觀察者注意不到，這些根本變革的全部意義。最顯著的例子，便出現在財產權概念的使用上。

---

[6] 並非十七世紀的革命改變了英國的統治體制。第一次革命的效果，被史都亞特王室的復活撤銷，而一六八八年的光榮革命只是把王位從一位「合法的」國王轉給他家族裡的其他成員。十八世紀大部分時間，英國歷史繼續上演著王室專制和貴族地主階級的議會政治之間的鬥爭。直到漢諾威王室的第三位國王，企圖恢復都德王室和史都亞特王室的個人專制而遭到挫敗，前述英國王室和貴族地主之間的鬥爭才宣告結束。十九世紀，英國從貴族統治過渡到全民統治，是經由逐步的選舉權改革而完成的。

在家家戶戶的經濟大體上還自給自足，從而一切產品的絕大部分都沒有經常交易的地方，生產財方面的財產權意義，和消費財方面的財產權意義並無不同。不管是生產財方面的或是消費財方面的，財產都只爲財產主服務。擁有某件東西，不管是一件生產財或是一件消費財，意思都是：僅爲了自己使用而擁有它，而且也僅在乎自己的滿足而使用它。

但在市場經濟的架構裡，財產權的意義和前述不一樣。生產財的擁有者，被迫從盡可能滿足消費者需求的觀點，使用他所擁有的生產財。如果別人比他更爲出色，提供消費者更好的服務，他就會失去他的財產。在市場經濟裡，財產是經由服務消費大眾而取得與保有的；一旦消費大眾不滿意所得到的服務，財產就會流失。生產要素方面的私有財產權，可以說是消費大眾所委託的一項權力，而一旦消費大眾認爲由別人來使用該項權力會更有效率，原來的委託就會遭到撤銷。追逐利潤與避免虧損的媒介作用，促使各財產主處理「他們的」財產，宛如是利用別人所委託的財產，爲實質受益人——消費者——謀求最大可能的滿足。一切生產要素，也包括人力要素，或者說勞動，都爲市場經濟全體成員的滿足而服務。這就是生產要素私有財產權，在資本主義下的眞正意義與特性。這個意義與特性之所以遭到忽視與誤解，只因爲前資本主義時期的法律慣例與學說所發展出來的財產權概念，在實質意義已經發生根本變化之後，仍原封不動保留下來，或僅有稍微的更動。[7]

本書旨在分析人的行爲科學的認識論問題，而之所以必須在這裡處理前述這個問題，是因爲：藉此可以顯示現代行爲學的觀點，如何根本不同於傳統研究社會情況的舊觀點。一代又一代撰述者，由於不加批判的接受前資本主義時期的法律學說而遭到蒙蔽，以致完全沒意識到市場經濟的本質，以及市場經濟裡生產手段私有財產權的特徵。在他們看來，在管理經濟事務上，資本家和企業家好像是不負責任的獨裁者，只爲自己的利益而完全不顧他人的利害。他們說，利潤是從受雇者和消費者身上「剝削」而來的不義之財。他們針對利潤大加撻伐的熱情，使他們意識不到：正是因爲必須賺取利潤並避免虧損，才使「剝削者」不得不盡力供應消費者最迫切需要的商品與服務，來滿足消費者。消費者是至高無上的，因爲他們最終決定該生產什麼商品，多少數量，和什麼品質。

[7] 參見Mises, *Die Gemeinwirtschaft* (2nd ed.; Jena, 1932), pp. 15 f. (英譯版*Socialism* [Yale University Press, 1951], pp. 40 ff)。

第五節　消費者至高無上

市場經濟的一個特徵是：對於人人在體能上、道德上和智力上的不相等所產生的一些問題，它有特別的處理方式。

在前資本主義時代，比較出眾者，或者說比較聰明和比較有能力的人，降服和奴役絕大多數比他們沒能力的同胞。在身分社會裡，有各種世襲的階級；有貴族，也有奴僕。所有活動都專爲前者的利益而安排，後者只有孜孜矻矻爲主人做苦工的本分。

在市場經濟裡，比較出眾者迫於追逐利潤與避免虧損的媒介作用，爲每個人——包括大多數比他平庸的人——所關切的事項提供服務。在市場經濟架構下，一些最令人嚮往的位置，也只有透過使所有的人都獲得好處的行爲，才可能達到。一般民眾，以他們作爲消費者的身分，最終決定每個人收入與財富的多寡。他們把各種資本財的控制權，託付給知道如何加以運用才能使自己——也就是一般民眾——獲得最大滿足的人。

當然，在市場經濟裡，生活最爲富裕的人，並非總是從某個理性判斷的觀點應該視爲最優秀的人。大多數粗鄙無文的普通人，對於那些使他們的卑劣更爲相形見絀者的優點，做不到恰如其分的承認。他們從自己的慾望是否獲得滿足的觀點來評判每個人。於是，拳擊冠軍和偵探小說的作家，比哲學家和詩人享有更高的聲望，也賺到更多的錢。那些爲這個事實而哀嘆的人，無疑是有道理的。但，誰也設計不出什麼社會制度可能公平的報答創新者的貢獻，因爲創新者的才能就在於引領人類接納一些前所未聞的意念，所以創新者起初必定會遭到所有欠缺相同靈感者的排斥。

「市場民主」的過程所導致的，是這樣的情況：各種生產活動的操控者，是他們的操控行爲，獲得消費大眾以購買他們的產品表示贊同的那些人。消費大眾讓那些爲他們提供最佳服務的企業家有利可圖，從而把生產要素的控制權移轉到這些企業家手上。另一方面，消費大眾則使那些笨拙的企業家無利可圖，從而把生產要素的控制權，從這些所提供的服務他們不贊同的企業家手中撤回。政府如果對利潤課稅，從而對人民的這些決策橫加阻撓，使之無效，那政府眞是在作惡，「反社會之惡」。眞要從社會觀點來說，比較順應「社會的」政策，反倒是對企業的虧損課稅，而不是對企業的利潤課稅。

大多數民眾知識之低劣，最無可置疑的證明，在於他們厭惡資本主義制度，並汙蔑他們自己的行爲所創造出來的利潤，斥之爲不公平。在大家都以務農爲生的社會裡，要求沒收一切私有財產，然後重新在所有的社會成員間平均分配，還算有些道理可言。因爲在這樣的社會裡，某些人擁有大筆田產，就意味其他某些人沒有田產，或所擁有的田產不足以養活他們自身和他們的家庭。但，在一般人民的生活水準主要仰賴資本財供給的社會裡，情況和農業社會不一樣。資本的累積來自於節儉與儲蓄，而資本的保持則有賴於資本逆累積與消耗之避免。在工業社會裡，富有者的財富，既是消費大眾幸福的原因，也是消費大眾幸福的結果。那些沒擁有它的人，也因它而變得更富裕，而不是變得更貧窮。

當代許多政府的許多政策，看了眞叫人覺得荒謬。企業家——首倡者和投機客——備受詆毀的貪得無厭，幾乎天天成功爲消費大眾提供前所未聞的商品與服務。豐富的生活便利品供應，宛如浪濤般湧向一般消費者。但，對一般消費者來說，這些奇妙的生活便利品究竟經由什麼樣的安排而生產出來，卻是難以理解。這些遲鈍的資本主義受益者，往往沉迷於幻想而誤以爲：正是自己每天所執行的例行工作，才創造出這些奇蹟。他們投票支持那些致力於推行破壞與摧毀政策的統治者。他們把——必然致力於迎合大眾消費需求的——「大企業」視爲頭號公敵，並且贊同每一項對他們所嫉妒的對象施加「懲罰」的措施，因爲他們以爲這種懲罰可以改善他們的處境。

當然，對於前述這些問題的分析，不屬於認識論的範疇。

第七章　一元論在認識論方面的根源

自然科學的術語欠缺一切能在人心和行爲領域發揮充分指引作用的概念和字眼。自然科學的所有成就，不管是如何奇妙和有益，都無法觸及玄學與神學所嘗試處理的根本哲學問題。

第一節　一元論的非實驗性質

正如前面已經指出的，人的世界觀是決定論的。[1]人，無法想像絕對「無一物」的概念；無法想像某一東西「無中生有」，然後從宇宙之外入侵這宇宙。人的宇宙概念，包含一切存在的東西。人的時間概念，是沒有起始和終了的；人，不知道時間的更替是從什麼時候開始，也不知道會在什麼時候結束。一切現存的和將來會出現的東西，都已具有發展潛能的藏在早就存在的事物當中。凡事都是勢必發生的事。每一件事情的充分解釋，都引致某個無窮盡的回溯過程。

前述這個連續不斷的決定論，是實驗的自然科學所做和所教的一切，在認識論方面的起始點；但，它本身卻不是來自於經驗，而是一個先驗概念。[2]邏輯實證論者意識到決定論的先驗性質，並且爲了表示忠於他們的獨斷式經驗主義，激烈的排

---

[1] 譯注：參見本書第三章第一節〈無限〉。

[2] “La science est déterministe; elle l’est *a priori*; elle postule le déterminisme, parce que sans lui elle ne pourraut êure.” Henri Poincaré, *Dernières Pensées* (Paris, 1913), p. 244.

斥決定論。但，他們所不知的是：他們所信仰的根本教條——對於一切現象的一元論解釋——其實沒有任何邏輯或經驗基礎。自然科學的經驗主義所呈現的，是兩個領域的二元論；對於它們彼此的關係，我們所知極爲有限。一方面，是我們的感官所能感知的外在事件領域，而另一方面則是看不見也摸不著的思想與意念領域。如果我們不僅假定，後來發展出所謂人心的那種能力，早已潛藏在自亙古以來便一直存在的某些事物的原始結構中，並且經由這些事物的本質所必然產生的一系列事件而終成人心；而且我們還假定，在前述這種人心發展的過程中，沒有哪一事件或步驟不能還原爲物理與化學事件，那麼，我們的推理就是在訴諸某個任意武斷的定理。沒有任何經驗，可以支持或駁斥前述這個關於人心發展的假說。

關於身心問題（the mind-body problem），實驗的自然科學迄今告訴我們的只是：人的思考與行爲能力，和他的身體狀況有一些關係。我們知道，人腦如果受傷，會嚴重傷害，甚或完全摧毀人的思考能力，而死亡——活體組織的生理機能的完全崩解——則必然會抹除他人的心智所能察覺到的一切心智活動。但，對於活人身體裡如何產生思想和意念的過程，我們一無所知。幾乎相同的外在事件，衝擊人心，在不同的人身上，以及不同的時候在相同的人身上，會導致不同的想法和意念。生理學沒有任何方法，可以適當處理人心對刺激的反應。對於某個人所認爲的某一外在事件的意義，或對於他認爲別人所認爲的意義有什麼意義，各種自然科學完全沒辦法予以分析。拉・美特利（Julien Offray de La Mettrie）和費爾巴哈（Ludwig Andreas von Feuerbach）的唯物論哲學，乃至海克爾（Ernst Heinrich Philipp Haeckel）的一元論，都不是自然科學；它們是玄學學說，企圖針對自然科學所無法探索的某種事物，提出一個解釋。實證論和新實證論的那些一元論的學說，也是這樣的玄學學說。

確認前述這些事實，並非意在嘲笑各種唯物論的一元論學說，也不表示我們認爲這些學說全是廢話。只有實證論者，才認爲所有的玄學思想都是廢話，並且排斥任何先驗概念。明智的哲學家和科學家已經毫無保留的承認，⑴自然科學對人類的一切貢獻中，沒有一樣可以用來支持實證論和唯物論的信條，並且⑵所有這些學派所傳授的思想，其實是玄學，而且還是一種很不入流的玄學。

有一些學說給自己冠上極端或純經驗主義的稱號，並且把實驗的自然科學以外的一切學問汙蔑爲廢話，然而它們卻未能意識到，自己的哲學當中那個據稱是經驗主義的核心，其實完全是以某個未獲認可的前提所推衍出來的結論作爲基礎。自然科學所能做到的，只是把人的感官所能——直接或間接——感知的一切現象，追溯至某一組最終給定的事實。任何人都可以排斥二元論或多元論對經驗的解釋，並且假定所有這些最終給定的事實，在科學知識的未來發展中，有可能追溯至某一共同的根源。但，這樣的假定，不是實驗的自然科學，而是對自然科學的一個玄學的解讀。至於在前述假定之後，如果又進一步假定，該共同根源看來也會是那個發展出一切心思現象的根源，那麼，後來這個假定也同樣是玄學的解讀。

另一方面，一切以世俗的方法，不管是先驗的推論，或是以一些看得到也摸得著的現象的觀測所確認的一些性質爲依據的推論，企圖證明上帝存在的哲學努力，都已陷入僵局。但，我們必須知道，要以同樣的哲學方法，邏輯的證明上帝不存在，或邏輯的駁斥(1)「上帝創造出X，從而衍生出自然科學所處理的每一樣事物」，以及(2)「人心不可思議的能力之所以誕生與存在，是上帝一再干預宇宙演化的結果」等主張，也同樣是不可能的。「上帝創造每一個人的靈魂」這個基督教的學說，是不可能以理性論證予以駁斥的，正如不可能用理性論證予以證明一樣。無論是在自然科學的輝煌成就中，或是先驗的推理中，都沒有什麼可能牴觸伯伊斯．雷蒙（Du Bois-Reymond）所說，標誌人的知識永遠有限的這句格言：

「Ignoramus et ignorabimus（我們現在不知道，將來也不知道）」。

如果「科學的」這個形容詞指的是邏輯實證論和經驗主義所賦予的意思，那麼，這世界就沒有科學的哲學這回事。追求知識的人心，之所以訴諸哲學或神學，恰恰是因爲對於自然科學所無法回答的一些問題，想要有一個解釋。哲學所處理的問題，超出人心的邏輯結構使人根據自然科學的成就得以推論的範圍。

第二節　實證論的歷史背景

如果我們只說自然科學——至少，截至目前——並未提出任何東西有助於闡明人的行爲方面的問題，那麼，我們便不算已經令人滿意的指出這種問題的特徵。要正確描述這種問題的情況，就必須強調：自然科學其實連產生相關問題的意識，所需具備的概念工具都沒有。在自然科學的理論系統和結構裡，沒有任何空間留給意念和目的因此等範疇容身。自然科學的術語欠缺一切能在人心和行爲領域發揮充分指引作用的概念和字眼。自然科學的所有成就，不管是如何奇妙和有益，都無法觸及玄學與神學所嘗試處理的根本哲學問題。

爲什麼與前述相反的見解，會發展成爲幾乎普遍接受的意見？這並不難解釋。所有玄學和神學學說，除了神學和道德學方面的教義，還包含一些站不住腳關於自然現象的命題；隨著自然科學的發展，這些命題不僅能被駁倒，甚至還時常遭到嘲笑。神學家和玄學家頑固的爲這些命題辯護，儘管它們只是在表面上和他們的道德學核心教義有所牽連，也儘管在受過科學訓練的人看來，它們是最爲荒謬的寓言和神話。教會運用世俗權力，對那些有勇氣偏離這些教義的科學家進行迫害。西方基督教文明範圍內的科學史，是一頁衝突的歷史，而在衝突過程中，科學的學說，和官方神學的學說相比，總是比較站得住腳。每一次爭議到了最後，神學家都得乖乖承認，他們的對手是正確的一方，而自己則是錯誤的一方。最爲波瀾壯闊的一次不光彩的挫敗——也許不是神學本身的挫敗，但，肯定是神學家的挫敗——事涉演化論爭辯的結果。

於是，開始出現這樣的錯覺：自然科學有一天將充分且無可辯駁的，解決神學過去所處理的一切議題。正如哥白尼和伽利略曾以比較好的天體運行理論，取代基督教教會那種站不住腳的學說，所以，人們期待未來的科學家也會成功以「科學的」眞理，取代其他一切「迷信的」學說。即使要批評孔德、馬克思和海克爾等人極爲天眞的認識論和哲學，也不該忘記他們的天眞，是在一種更爲天眞的教條主義刺激下的反應；這種刺激來自如今稱作基要主義（Fundamentalism）——但已不再有任何明智的神學家膽敢採納——的原始教義。

我們之所以提到這些事實，絕不是要爲現代實證論那些粗糙的學說辯解，更不用說要爲它們辯護，而只是想讓讀者，對於實證論所以發展與風行起來的思想背景，有更深入的了解。很不幸，狂熱的實證論信徒的粗鄙見解，如今即將激起的反應，很可能嚴重阻礙人類知識發展的前景。就像羅馬帝國晚期那樣，各種崇拜偶像的教派又再次蓬勃發展。現在有靈媒招魂術、巫毒教（信仰魔法與鬼魂的），以及類似的教義與儀式，其中有許多學自原始部落的偶像膜拜。占星術正在復甦。我們這個時代，不僅是科學的時代，也是許多荒謬的迷信，正在物色容易上當者，以壯大聲勢的年代。

第三節　實證論與自然科學

鑑於實證論的一些贅疣，激起一個方興未艾的過分反應，從而產生了災難性影響，這裡有必要再次強調：自然科學的實驗方法，是適合處理相關問題的唯一方法。這裡，我們用不著重新檢討實證論者對因果觀和決定論加以質疑的無效努力，但必須強調：實證論的錯誤，不在於它就實證的自然科學方法所指陳的一切，而在於它對自然科學——至少迄今——未曾成功闡明的事物說三道四。實證論者所堅持的那個由波普爾修正過的「可證實原則」，[3]作爲自然科學的一個認識論原則，是無懈可擊的。但，該原則如果應用在自然科學絕無可能提供任何知識的事物上，那就不知所云了。

本書的任務，並不是要討論任何玄學學說的主張，或討論玄學本身。由於人心的性質和邏輯結構使然，許多人對於任何問題，如果發現他們自己無知，便會覺得不舒服；對於最爲熱誠的求知努力所導致的「不可知論」（agnosticism），他們是不會甘心接受的。玄學和神學並不是如實證論者所宣稱，完全不值得現代人耕耘的一種——遺留自原始人的時代，而文明人應該予以拋棄的——思想活動的成果，而是人永遠無法平息的求知慾的表現。無論這種渴求無所不知的慾望是否眞有可

[3] 參見本書第四章第八節〈確認和駁倒〉。

能獲得充分滿足，人都不會停止對該目標的熱情追求。[4]對於宗教或玄學的任何信條，如果和任何值得信賴的先驗的或後驗的學說不相衝突，那麼，不管是實證論或是其他任何學說，便沒有理由給予譴責。

第四節　實證論與人的行爲科學

然而，本書並不處理神學或玄學問題，當然也就不處理神學或玄學學說遭到實證論排斥的問題。本書主要處理實證論對人的行爲科學的攻擊。

實證論的根本教條就是這樣的主張：自然科學的實驗方法，是追求知識唯一該使用的方法。在實證論者看來，自然科學由於完全專注於闡明物理與化學方面的問題，以致過去忽略了——而未來近期內，也很可能一樣注意不到——人的行爲方面的問題。但毫無疑問的是，一旦浸淫於科學的見解，並且受過實驗室嚴謹的工作方

[4] “L’homme fait de la métaphysique comme il respire, sans le vouloir et surtout sans s’en douter la plupart du temps.” E. Meyerson, *De l’Explication dans les Sciences* (Paris, 1927), p. 20.

法訓練的人，有空餘的時間，轉向研究譬如人的行爲這等「次要的」議題，那麼，在相關的一切問題上，這些人將會以眞正的知識，取代如今盛行的這種一文不值的瞎扯淡。「統一科學」將解決一切相關問題，並且開啓一個無比幸福的「社會工程」時代，一切人間世事，將會像現代科技供應電力那樣，獲得同樣令人愜意的安排與處理。

一些闡述這個信條的先驅，比較不是那麼謹愼，乃至宣稱，觸動主義（behaviorism）——而Neurath這位先驅則比較喜歡以觸動學（behavioristics）稱呼這方面的著述——已經做出相當重大的貢獻，顯示人類正大步邁向前述美麗的願景。他們所指的是（植物學方面的）向性（tropisms）和（犬類的）制約反射（conditioned reflexes）等規律現象的發現。據說，科學借助於前述這些成就所採用的方法，再往前邁進，有一天將使實證論的一切許諾成眞。人，由於妄自尊大，才會擅自以爲，決定他如何行爲的那些衝動，和決定植物與狗如何反應的那些衝動，並不完全相同。

針對所有這種充滿激情的宣告，我們必須強調這個確鑿的事實：自然科學並沒有處理意念和目的因所需的思想工具。

自信滿滿的實證論者可能希望：對於導致某些人出生，以及在他們的一生，使他們天生的體質發生變化的一切事件，生理學家有一天會成功，以物理學和化學的定律，詳盡加以描述。我們也許無須質疑，這種知識是否足夠充分解釋各種動物，在任何它們所須面對的情況下，如何反應。但，無庸置疑的是，這種知識將不會使學者得以解釋，人對外來刺激的反應方式。因為，人的反應，取決於意念——一種不是物理、化學和生理學所能描述的現象。什麼原因使許多人，畢生忠於他們在養成時期所接受的宗教信仰，而另外有些人後來卻改變信仰？為什麼有些人會加入或退出政黨？為什麼對於許多問題，有許多派不同的哲學和許多派不同的見解？對於所有這些問題，絕不會有根據自然科學的解釋。

第五節　實證論的謬誤

西歐和中歐的一些民族，以及他們移居到海外領土的後裔，鍥而不捨的追求改善人生無法逃避之處境，成功發展出某種稱為——但，更常遭到汙蔑為——西方資產階級文明的社會合作制度。這種文明的基礎，是資本主義的經濟體系，而這種經濟體系必然的政治結果，則是代議政府，以及思想與人際傳播自由。儘管不斷遭到大眾愚蠢與惡意的阻撓，以及前資本主義時期的思想與行為習慣，所遺留下來的意識型態的蓄意破壞，自由企業制已經根本改變了人的命運。它已經使死亡率下降，使平均壽命延長，從而使人口迅速增加。在一些國家，多虧並未過分嚴厲阻礙有幹勁與辦企業的人發揮追逐利潤的精神，自由企業制已空前提高平庸的普通人的生活水準。所有人，無論他們是如何瘋魔，如何熱中於詆毀和攻擊資本主義，都激昂的騷動喧嚷，要求享受資本主義所製造出來的產品，這無異暗中向資本主義致敬。

資本主義所帶來的財富，並不是某種稱作進步的神祕力量造成的，也不是自然科學，或應用自然科學完善工程科技學與臨床醫學，所獲致的成就。生產科技和醫療技術的任何進步，若要加以利用，都須備妥一些物質手段，所以，如果儲蓄與資本累積沒先提供必要的物質手段，任何進步的技術便不可能落實利用。科技學告訴我們如何生產和利用的每一樣東西，之所以不能使每一個人都享有，原因就在於人所累積的資本供應還不夠充足。「美好舊時光」的停滯狀態，之所以轉變為資本主義的活躍奮進，原因不在於自然科學或應用科學的變革，而在於「自由企業」這個行為原則的採用。一個偉大的意識型態（或思想）運動，肇始於文藝復興時期，繼續於啓蒙時代，而在十九世紀達到顚峰，形成自由主義。[5]這個偉大的思想運動，不僅產生了資本主義——自由的市場經濟，也產生了資本主義必然的政治結果，也就是——如果以馬克思主義者慣用的術語來說，就是資本主義的政治「上層結構」——代議政府和人人的公民權：良心自由、思想自由、言論自由，以及一切傳播方法的自由。所有現代的知識成果，就在崇尚個人主義的資本主義制度所創造出來的環境中蓬勃發展。人類從來未曾生活在像十九世紀下半葉的情況，當時，在每個文明國家裡，每個人對於哲學、宗教和科學最爲重大的問題都能自由討論，完全不用擔心當權者報復。那是一個意見分歧而使眞理愈辯愈明，愈辯愈豐富的年代。

然而，當時也有一股和自由主義相反的思潮逐漸形成，這股思潮並非源自過去曾對順從權威的心態有過助長作用，但已不被信任的那股邪惡勢力的復甦，而是萌發自一般群眾靈魂深處，難以抹滅的權威意念與獨裁情結；這些所謂一般群眾或大眾

[5] 本書所使用的「自由主義」（Liberalism），是「自由主義」在十九世紀的正統涵意，而不是「自由主義」如今在美國的意思：後面這個意思的「自由主義」所表示的東西，和十九世紀的「自由主義」所表示的完全相反。

（the mass），受益於個人主義與自由的許多果實，但對於這些果實的生長與成熟毫無貢獻。大眾不喜歡超越他們的人，無論是哪一方面的超越。平庸者，嫉妒並且怨恨不同於他的人。

把大眾推向社會主義陣營的動機，是他們期待社會主義將遏制所有比他們優越的人，這個理由甚至比他們誤以爲社會主義將使他們變得更爲富有還更爲重要。一切烏托邦計劃，從柏拉圖的理想國到馬克思的共產世界，特徵都在於，一切和人有關的情況嚴格僵化。一旦「完美的」社會事務狀態已經達到，便不該容忍任何改進。社會將不再有任何空間容納創新者和改革者。

在知識界，對這種不容異己的專制心態極力捍衛的隊伍，以實證論作爲集結的標竿。實證論的捍衛者孔德（Auguste Comte），對於知識進步，沒有任何貢獻。他只是起草了一個建構某種社會秩序的計劃，在該社會秩序下，以進步、科學和人道爲名，任何和他自己的意念不符的想法，都將遭到取締。

現代的實證論者，是孔德的知識界傳人。像孔德本人那樣，這些「統一科學」的，這些「邏輯實證論」或「經驗實證論」的，以及這些「科學的」哲學的提倡者，本身對自然科學的進步也沒有任何貢獻。未來撰述物理學史、化學史、生物學史和生理學史的歷史學家，將無須提到他們的名字和他們的著作。「統一科學」所提出的一切，只是建議人的行爲科學所使用的論證方法應予禁止，而代以實驗的自然科學所採用的方法。「統一科學」不是以它所貢獻的東西，而是以它所希望禁止的東西，引來人們的注意。這個思想陣營的主將主張不容異己，並且提倡一種思想狹隘的教條主義。

對於實證論，無論新舊，所以產生的政治、經濟和思想背景，歷史學家必須加以了解。但，對於任何意念所以發展起來的思想背景，不管歷史學家的特殊了解爲何，都不能證明，也不能否定相關學派的教義是否正確。揭露實證論的種種謬誤，並予以駁斥，是認識論的任務。

第八章　實證論和西方文明的危機

自然科學的實驗方法所享有的名氣與威望，以及實驗室的研究工作所以獲得豐沛的資金支持，都是資本主義下資本累積漸進增加的附隨現象。

第一節　對這宇宙的誤解

邏輯實證論的哲學，描述這宇宙的方式是有缺陷的。它只納入自然科學的實驗方法所能認識的東西，而忽略了人的心思和人的行爲。

有些人爲了辯護前述這個看待宇宙的方式，通常這麼說：人，相比於浩瀚無垠的宇宙，只是其中一粒微小的細沙，而且人類全部的歷史，相比於永恆無盡的時光，也不過是其中一段須臾即逝的小插曲。然而，一個現象的重要性和意義，是不能以這樣一個純粹定量的方式來評估的。在我們能有所探知的這部分宇宙，人的地位確實極其渺小。但據我們所知，這宇宙的根本事實是，它分成兩部分，其中一部分——如果使用某些哲學家所建議的術語，但，除去它們的玄學涵意——我們可以稱爲廣延物（res extensa），或者說，外在世界的那些確鑿的事實，而另一部分則可以稱爲思維物（res cogitans），或者說人的思考能力。我們不知道，在一個超人的智慧看來，這兩部分彼此會有什麼關係。對人來說，這兩部分是絕對不同的。也許只是因爲我們的心智能力不足，所以才無法看出我們分別一是心和一是物的兩種現象，本質上其實是一樣的。但無可置疑的是，再多關於「統一科學」的瞎扯廢話，都不能把一元論的玄學特性，改造成實驗知識領域裡一個無懈可擊的定理。人心禁不住會區分兩個眞實的領域，一是它本身的活動領域，一是外在事件的領域。我們也絕不可以輕看人心活動的各種表現，而認爲其重要性不如外在事件，因爲唯有人心才使人得以認識外在世界，並運用種種心思概念加以描述。

實證論的世界觀，扭曲人的根本經驗。就人的根本經驗而言，感知、思考與行爲的能力，是一項根本事實。這項事實，和一切在沒有人的行爲刻意干擾下會發生的事情，顯然有別。談論經驗時，如果隻字不提使人得以感受到經驗的因素——人的感知、思考與行爲的能力，那就不知所云了。

第二節　對人的處境的誤解

在所有形形色色的實證論看來，人之所以在這地球上地位顯赫，原因在於他對自然現象——也就是，並非特別屬於思想和意志的現象——的互聯性的認識逐漸增長，並且將這種認識應用於生產科技與醫療行爲。現代工業文明——它所帶來的空前大量的富裕，以及它使之成爲可能的史無前例的人口增長——是實驗的自然科學不斷進步的結果。人的命運之所以改善，主要因素就是科學，而以實證論的術語來說，也就是自然科學。在這派哲學的脈絡中，社會好比是一座巨大的工廠，而所有社會問題則好比是「社會工程」可以解決的科技問題。例如，在這派學說看來，未發達國家所欠缺的，正是生產技術方面的知識（know-how），也就是這些國家還不夠熟悉科學的生產技術。

要比前述更爲徹底誤解人的歷史，幾乎是不可能的事。其實，人所以能自我提升到一般動物的層次之上，所以能擺脫生物性競爭的恐怖命運，唯因一個根本事實，那就是人發現了宇宙間這個偉大的生成原則（principle of becoming）：人在分工的體系下合作生產，會有比較高的生產力。在過去增進了人努力的成果，而現在也仍舊有同一成效的因素，是資本財的逐步累積；資本財的供給如果沒有增加，任何生產科技的創新便不可能落實利用。任何社會如果不使用某種通用的交易媒介，或者說，如果不使用所謂貨幣，一切科技的演算和計算便毫無意義。現代的工業化發展，也就是，把自然科學的一些發現，實際應用於生產活動，是以市場經濟的運作爲其知性（intelletual）方面的先決條件；因爲唯有在得知市場經濟所確立的各種生產要素以貨幣表示的價格之後，工程師才有機會就不同的生產計劃選項，比較它們的預期成本和收益。如果沒有經濟計算，[1]物理和化學的測量，在生產活動的科技規劃方面，便毫無用處。那些未發達的國家所欠缺的，不是知識，而是資本。[2]

在我們這個時代，自然科學的實驗方法所享有的名氣與威望，以及實驗室的研究工作所以獲得豐沛的資金支持，都是資本主義下資本累積漸進增加的附隨現象。過去把馬車、帆船和風車的世界，逐步轉變爲飛機和電子產品的世界，因素是曼徹斯特主義（Manchesterism）的自由放任原則。大量的儲蓄，不斷尋找最爲有利的投資機會，提供所需的資源，使物理學家和化學家的科學成就，得以應用於改善工商業活動效率。所謂經濟進步，其實是市場經濟裡的儲蓄者、科學發明家和企業家

[1] 關於經濟計算的問題，請參閱Mises, *Human Action*, pp. 201-232, and 694-711，或參閱謝宗林譯，《人的行為：經濟學專論》（五南圖書出版，二〇一三年），第三篇全部，以及第五篇的第二十六章。

[2] 這也回答了一個時常有人提起的問題：為什麼古代的希臘人，他們的物理學給了他們必要的理論性知識，卻沒著手建造蒸汽機？答案是，他們沒料想到儲蓄和資本形成的根本重要性。

等三類進步群體——或階級——的活動，在還沒遭到大多數墨守成規極力拒絕進步者的阻撓，和未遭到這些人所支持的公共政策破壞的程度內，所共同產生的結果。

我們這個時代特有的科技與醫療成就，得以產生，並非由於科學，而是由於資本主義的社會和政治制度。只有在有大量資本累積的環境中，實驗活動才可能從少數幾位像阿基米德和達文西那樣的天才的消遣，發展成爲有組織、有系統的知識追求。企業家——首倡者和投機客——備受譴責的貪得無厭，其實是意圖將科學研究的成果，應用於改善大眾生活的水準。我們這個時代的意識型態，由於狂熱仇恨「資產階級」，渴望以「服務」原則取代「利潤」原則，因此，科技創新愈來愈導向製造更有效率的戰爭和毀滅工具。

實驗的自然科學研究活動本身，對於任何哲學的與政治的議題，都是中立的。但這些研究活動，只有在某種個人主義與自由的社會哲學盛行下，才可能蓬勃發展，而且才可能有益於人類。

實證論強調，自然科學的一切成就，都歸功於對經驗的重視，然而，這只是在複述一個，自從自然哲學（Naturphilosophie）退場以來，便不再有任何爭議的自明之理。至於實證論鄙薄人的行爲科學所採用論證方法，則是在爲侵蝕西方文明根基的力量鋪平道路。

第三節　對科學的宗教式膜拜

現代西方文明的特徵，並不在於它的一些科學成就，也不在於這些成就提高了人民的生活水準和延長了人均壽命。這些僅僅是某種社會秩序確立後的效果；在這種社會秩序下，最傑出的社會成員，在追逐利潤與避免虧損的媒介作用激勵下，會盡他們最大的能力，爲大多數才具較差的民眾的幸福服務。在資本主義下，最有利可圖的事，是讓普通人——顧客——感到滿足。你所滿足的普通人愈多，對你愈有利。[3]

這個制度無疑不是理想的或完美的。人間世事也沒有所謂完美。但這個制度之

[3] 「現代文明，或者說幾乎所有文明，賴以建立的原則是：要使那些讓市場覺得愉快的人，凡事覺得愉快，同時也要使那些沒能讓市場覺得愉快的人，凡事覺得不愉快。」Edwin Cannan, *An Economist's Protest* (London, 1928), pp. vi ff.

外，唯一的選項是極權制度；在後面這種制度下，會有少數一群管理者，以某個虛構實體——「社會」——的名義，決定所有人民的命運。某些人所構想建立的制度，由於須徹底管制每一個人的行爲，將會消滅個人的自由，然而，他們卻宣稱之所以構想這些制度，是由於對科學信仰得五體投地；他們的想法，眞是矛盾。聖西門（Henry de Saint-Simon）篡奪牛頓萬有引力定律的名望，作爲他那無比怪誕的極權主義的門面；而他的門徒，孔德，以科學代言人自居，宣告天文學的某些研究華而不實，毫無用處，應予禁止，然而，不久之後，這些研究卻產生了十九世紀最值得稱道的一些科學成果。馬克思和恩格斯妄稱他們的社會主義倡議是「科學的」社會主義。至於邏輯實證論和「統一科學」的一些著名的捍衛者，對社會主義或共產主義的熱中，與實際給予的支持，則是眾所皆知的事。

科學的歷史，是一頁關於某些人個別成就的紀錄；這些人獨自進行研究工作，而且往往遭到大多數同一時代人漠視，甚至公開敵視。任何人都不可能寫一部「沒有人名」的科學史。要緊的是個人，而不是「團隊工作」。任何人都不可能把新觀念的出現「組織起來」，或把新觀念的出現「制度化」。新觀念恰恰是設計研究組織架構的人所想不到的觀念，一個無視他的計劃的觀念，一個甚至會使他的意圖遭到挫敗的觀念。計劃他人的行爲，意味阻止他人自主計劃如何行爲，意味剝奪他人的基本人性，意味奴役他人。

我們的文明所面臨的最大危機，正是由於人們狂熱信仰無所不包的計劃而造成的。向來總是有一些人，希望限制同胞自主選擇如何行爲的權利與權力。普通人總是以斜眼看待所有在任何方面使他黯然失色的人，並且主張全體一律，像納粹那樣主張國家和社會全部一體化（Gleichschaltung）。在這方面，我們這個時代和從前不一樣的新特色，是主張全體一致與一律的人，以科學爲名宣揚他們的主張。

第四節　認識論方面對極權主義的支持

過去，每當有人要以比較有效率的生產方法，取代陳舊的前資本主義時期的生產方法時，都會遭到某些人強烈反對，因爲這些人的既得利益，在短期內受到創新的傷害。舊制度（ancien régime）時期，貴族地主階級利益集團，想要保持當時的經濟制度，其心情焦急的程度，不亞於現代在騷動中破壞機器和拆毀工廠的工人。但過去，創新的一方，有新出現的政治經濟科學的支持，而死抱陳舊生產方法的一方，則欠缺站得住腳的意識型態基礎。

由於一切想要阻止工廠制度演進和相關科技進步的嘗試都沒有成功，工團主義的意念開始形成。把企業家掃地出門，因爲他是一個懶惰和沒用的寄生蟲；把企業所有收入——這「全是勞動的成果」——交給那些以他們的辛勞創造出企業收入的人。但，那些反對新工業生產方法的人，不管他們的思想是多麼偏執與頑固，也都看得出前述這種構想的缺陷。於是，工團主義便一直只是目不識丁的暴徒所信奉的哲學，直到過了很久，這種哲學打扮成英國的基爾特社會主義（Guild Socialism）、義大利法西斯的社團國家主義（stato corporativo）、二十世紀的「勞動經濟學」和工會政治學，[4]才獲得知識分子的贊同。

反資本主義陣營所設想出來的大戰略，其實是社會主義，而不是工團主義。但，從各社會主義政黨開始他們的宣傳活動以來，便有一件事情一直使他們侷促不安，那就是，他們沒辦法反駁經濟學對他們那些社會改革構想的批評。馬克思由於

---

[4] 參見Mises, *Human Action*, pp. 808-816，或參見《人的行為：經濟學專論》（下冊）（五南圖書出版，二〇一三年），第三十三章。

充分知道自己在這方面無能爲力，所以訴諸一個奸巧的藉口。他和他的追隨者，乃至把他們自己的學說叫做「知識社會學」的那一票人，都致力於宣揚某些似是而非的意識型態概念，以達到詆毀經濟學的效果。在馬克思主義者看來，在一個「階級社會」裡，人本質上構想不出任何和眞實情況大體相符的理論。人的思想，必然會染上「意識型態」的色彩。在馬克思主義的術語裡，一個意識型態，就是指一個錯誤的學說，然而，恰恰就因爲它錯誤，所以才有助於增進它的撰述者所屬階級的利益。任何針對社會主義計劃的批評，都無須回答。只要將批評者屬於「非無產階級」的背景予以揭穿，就夠了。[5]

馬克思主義者的這個多元邏輯說（polylogism），是活躍於我們這個時代的哲學和認識論。它的目的，是要使馬克思的學說變得堅不可摧，因爲它暗中以是否符合馬克思主義作爲判定眞假對錯的標準。馬克思主義的反對者，必然永遠是錯的，只因爲他是反對者。反對者如果出身無產階級，就是叛徒；如果他屬於另一個「階

【5】參見Mises, *Human Action*, pp.72-91，或參見謝宗林譯《人的行為：經濟學專論》（上冊）（五南圖書出版，二〇二三年），第三章。

級」，那麼他就是「掌握未來的那個階級」[6]的敵人。

馬克思主義者這種無理取鬧的伎倆，所具有的迷惑魔力一直是如此巨大，以致有好長一段時間，連思想史學者也未能意識到：對孔德的原始意念加以發揚的實證論，提供了另一個代用辦法，無庸對經濟學的任何論證加以批判分析，便可以全盤否定經濟學。對實證論者來說，經濟學不是科學，因爲經濟學並未採用自然科學的實驗方法。於是，孔德和他那些以社會學爲名，宣揚極權國家的後繼者，便能夠鄙夷經濟學爲玄學的廢話，而無須以理性思辨論證駁斥經濟學的理論教訓。有一短暫時間，伯恩斯坦（Eduard Bernstein）的修正主義，曾經削弱正統馬克思主義在一般人心中的威信；當時便有一些馬克思主義政黨的年輕黨員，開始在阿維納留斯（Richard Avenarius）和馬赫（Ernst Mach）的著述中，尋找能爲社會主義的信條辯護的哲理。這是對正宗辯證唯物論的背叛，在堅定護衛馬克思原始道統永遠不受汙染的人士看來，簡直是褻瀆神明。列寧最長篇幅的社會主義著述，便是一部針對經驗批判論（empirio-criticism）這等「中產階級哲學」，以及社會主義政黨行

---

[6] *Communist Manifesto*, I.

列中信奉該哲學者，予以猛烈攻擊的大部頭著作。[7]由於列寧一生大部分的時間，都把自己封閉在一個精神貧乏、思想單一的社群裡，所以他不可能知道，(1)馬克思主義的意識型態學說，其實已經在自然科學家的圈子內失去了說服力，而且(2)實證論的泛物理主義，對於詆毀經濟學在數學家、物理學家和生物學家眼中的可信度，能發揮更好的作用。然而，短短數年之後，奧圖紐拉特（Otto Neurath）便在「統一科學」的方法一元論中，注入明確的反資本主義基調，從而把新實證論轉變爲社會主義和共產主義的一個附庸。如今，馬克思主義的多元邏輯說和實證論，這兩派學說彼此友好競爭，共同爲「左派」提供理論支援。對哲學家、數學家和生物學家來說，社會主義有邏輯的或經驗的實證論這等深奧的學說支持，而心思比較單純的大眾則仍舊接受因爲經過多手轉傳，而變得含混不清，已非本來面目的辯證唯物論的灌輸薰陶。

即使爲了方便論證，我們假定泛物理主義之所以排斥經濟學，純粹是出於邏輯的和認識論的考量，因此不僅完全沒有牽涉到政治上的偏見，而且也和某些人，對

[7] Lenin, *Materialism and Empirio-Criticism* (first published in Russian, 1908).

薪水較高或財富較多者，可能懷有的嫉妒情結毫無瓜葛；或者說，即使對於前述假設所涉及的兩個疑問，我們可以不予計較，但，我們絕不可以不追究下面這個事實，即：那些捍衛極端經驗主義的人士，在面對一些和他們之所以偏愛社會主義的理由，完全不相符的日常經驗時，竟然頑固的拒絕給予任何注意。他們不僅忽略西方國家，在營利事業國有化方面的一切「實驗」，都以失敗告終的事實；而且，對於資本主義國家平均生活水準遠高於共產主義國，這個無可爭議的「經驗」事實，一點也不在乎。如果遭到逼問，他們就會嘗試，以這是資本家據稱的反共陰謀所造成的結果，作爲辯解，而把該「經驗」事實推到一旁，不再理會。[8]任何人對這個拙劣的辯解不管有什麼想法，有一點是不能否認的，那就是，對極端經驗主義所主張的「經驗是唯一的知識來源」原則，這個辯解等於是一個極富戲劇性的否定。因爲根據該原則，是不容許以訴諸某些據稱的理論性見解，而把任何經驗的事實，像變戲法一樣予以搓掉的。

---

[8] 參見Mises, *Planned Chaos* (1947), pp. 80-87. (Reprinted in *Socialism* [new ed., Yale University Press, 1951], pp. 582-589)。

第五節　一些後果

在意識型態方面，我們這個時代的一個突出的事實，是一些最受歡迎的政治學說，鍾情於徹底廢除個人自由選擇與自主行爲的極權主義政府。另一個同樣突出的相關事實，是那些最爲頑固與偏執主張這種強制統一與服從制度的人士，稱他們自己爲科學家、邏輯學家和哲學家。

這當然不是一個新現象。柏拉圖——長久以來甚至比亞里斯多德更受推崇，視爲所有知識分子的偉大導師——在很久以前，便精心計劃出某種極權主義的制度，其廢除個人自由的極端程度，直到十九世紀孔德和馬克思推出他們的社會制度設計，無人能超越。事實上，有許多哲學家完全不能容忍任何不同的意見，乃至希望以政府所掌控的治安保衛力量，阻止任何人批評他們的理念。

邏輯實證論的經驗主義原則，如果僅僅指涉自然科學的實驗方法，就只是一個沒有任何爭議的主張。但如果用來排斥人的行爲科學的認識論原則，那就不止是完全錯誤，而是還明知故犯的破壞西方文明的知性基礎。

路德維希·馮·米塞斯（Ludwig von Mises）年表

年代	生平記事
一八八一	九月二十九日出生於奧匈帝國加利西亞蘭堡（現烏克蘭利沃夫）。
一九〇〇	就讀維也納大學，在那裡受到了卡爾·門格爾的影響。
一九〇四—一九一四	受教於奧地利經濟學派學者歐根·博姆·巴維克。結識了著名社會學家馬克思·韋伯。
一九〇六	取得維也納大學法律和經濟學博士學位。
一九〇九—一九三四	擔任維也納商會的秘書，實質為奧地利政府的首席經濟顧問。
一九一二	《貨幣與信用原理》（*The Theory of Money and Credit*）出版。
一九一三—一九三四	於維也納大學以私人講師（Privatdozent）身分授課，主持一個經濟理論研究班。
一九一九	*Nation, State, and Economy* 出版。

年代	生平記事
一九二二	《社會主義：經濟與社會學的分析》（*Socialism: An Economic and Sociological Analysis*）出版。
一九二七	《自由與繁榮的國度》（*Liberalismus:In the Classical Tradition*）出版（一九六二年譯成英文版，以新標題 *The Free and Prosperous Commonwealth* 發表）。
一九二九	*A Critique of Interventionism* 出版。
一九三三	《經濟學的認識論問題》（*Epistemological Problems of Economics*）出版。
一九三四－一九四〇	為了躲避納粹對奧地利的威脅，前往瑞士的日內瓦高級國際關係學院擔任國際研究學院的教授。
一九四〇	移居紐約。*Memoirs* 出版。
一九四一	*Interventionism: An Economic Analysis* 出版。

年代	生平記事
一九四四	《官僚制》（*Bureaucracy*）與《全能政府：極權國家與總體戰爭的興起》（*Omnipotent Government: The Rise of the Total State and Total War*）出版。
一九四五－一九六九	擔任紐約大學的客座教授直到退休為止，不過他始終沒有從大學領取薪資。在此期間，米塞斯參與由奧地利流亡者，時任紐約大學教員的理察·尼古拉斯·馮·康登霍維－凱勒奇領導的國際泛歐聯盟，並著手解決當中的貨幣問題。
一九四七	米塞斯與和其他支持古典自由主義的學者一起創辦了朝聖山學社（Mont Pelerin Society）。 *Planned Chaos* 與 *Observations on the Cooperative Movement* 出版。
一九四九	《人的行為：經濟學專論》（*Human Action: A Treatise On Economics*）出版。
一九五二	*Planning for Freedom, and Other Essays and Addresses* 出版。

年代	生平記事
一九五六	《反資本主義者的心境》（*The Anti-Capitalistic Mentality*）出版。
一九五七	《理論與歷史：對社會與經濟演變的一個解讀》（*Theory and History: An Interpretation of Social and Economic Evolution*）出版。
一九六二	《經濟學的終極基礎：經濟學方法論》（*The Ultimate Foundation of Economic Science: An Essay on Method*）出版。
一九六九	《奧地利經濟學派的歷史背景》（*The Historical Setting of the Austrian School of Economics*）出版。
一九七三	十月十日逝世於美國紐約州紐約市（九十二歲）。
一九七八	《米塞斯回憶錄》（*Notes and Recollections*）出版。 *On the Manipulation of Money and Credit* 出版。 *The Clash of Group Interests and Other Essays* 出版。
一九七九	*Economics Policy: Thoughts for Today and Tomorrow* 出版。

年代	生平記事
一九八二	米塞斯研究所成立，位於美國阿拉巴馬州歐本市，研究的領域包括經濟學、哲學和政治經濟學。除了紀念奧地利經濟學派的經濟學家路德維希·馮·米塞斯，更發揚奧地利學派的經濟和政治理念。除了數千篇關於經濟和歷史問題的熱門文章之外，研究所還發行了許多書籍和數百篇學術論文。
一九八六	米塞斯學院成立。每年舉辦夏季教學活動，教學計劃包括學者的演講和授課，通常有一〇〇至一二五名來自世界各地的學生。
一九九〇	《貨幣、方法與市場過程》（*Money, Method and the Market Process*）出版。
一九九〇	*Economic Freedom and Interventionism: An Anthology of Articles and Essays* 出版。
一九九五	Mises.org 上線，提供每日社論、學習指南、書目、傳記、電子書研究工具、工作論文、訪問錄以及在線出版物目錄。為世界上訪問量最大的經濟學網站之一。

經典名著文庫031

經濟學的終極基礎：經濟學方法論（第三版）

The Ultimate Foundation of Economic Science: An Essay on Method

文庫策劃 — 楊榮川
作　　者 — 路德維希・馮・米塞斯（Ludwig von Mises）
譯　　者 — 謝宗林
編輯主編 — 張毓芬
責任編輯 — 唐　筠
文字校對 — 劉天祥、林芸郁、許馨尹
封面設計 — 姚孝慈
著者繪像 — 莊河源
出 版 者 — 五南圖書出版股份有限公司
發 行 人 — 楊榮川
總 經 理 — 楊士清
總 編 輯 — 楊秀麗
地　　址：台北市大安區 106 和平東路二段 339 號 4 樓
電　　話：02-27055066（代表號）
傳　　眞：02-27066100
網　　址：https://www.wunan.com.tw
電子郵件：wunan@wunan.com.tw
劃撥帳號：01068953
戶　　名：五南圖書出版股份有限公司
法律顧問 — 林勝安律師
出版日期 — 2018 年 9 月初版一刷
2021 年 2 月二版一刷（共二刷）
2024 年 2 月三版一刷
2025 年 3 月三版二刷
定　　價 — 380 元

國家圖書館出版品預行編目資料

經濟學的終極基礎：經濟學方法論 / 路德維希・馮・米塞斯 (Ludwig von Mises) 著；謝宗林譯. -- 三版. -- 臺北市：五南圖書出版股份有限公司, 2024.2
面；　公分. --（經典名著文庫；31）
譯自：The ultimate foundation of economic science : an essay on method.
ISBN 978-626-366-627-6（平裝）
1.CST: 經濟學 2.CST: 實證主義
550　　112015624